1◑ 대가 알아야 할
민주주의의 꽃, 선거

10대가 알아야 할
민주주의의 꽃, 선거

발행일	2022년 1월 27일 초판 1쇄 발행
지은이	서지연, 이임순, 조미정, 현숙원
발행인	방득일
편 집	박현주, 허현정, 한해원
디자인	강수경
마케팅	김지훈

발행처	맘에드림
주 소	서울시 도봉구 노해로 379 대성빌딩 902호
전 화	02-2269-0425
팩 스	02-2269-0426
e-mail	momdreampub@naver.com

ISBN 979-11-89404-58-1 44300
ISBN 979-11-89404-03-1 44080(세트)

10 대가 알아야 할 민주주의의 꽃, 선거

서지연 · 이임순 · 조미정 · 현숙원 지음

맘에드림

만 18세, 학교에 유권자가 있다!

2019년 12월 28일 〈공직선거법〉 개정안이 국회를 통과하며 우리 사회는 '만 18세 선거권 하향'이라는 정치·사회적인 변화를 맞이하였습니다. 드디어 우리나라도 고등학교 학생들 중 일부나마 선거권을 갖게 된 것입니다. 이제 청소년도 시민으로서, 주권자로서 우리 사회의 현재를 고민하고 미래를 결정할 권리를 가지게 된 것입니다.

　앞으로 정치권은 청소년의 목소리에 귀를 기울여야 할 것입니다. 비록 일부지만 청소년이 선거권을 갖게 됨에 따라 그동안 정책 결정 과정에서 소외됐던 청소년의 목소리에 힘이 실리게 되었으니까요. 예컨대 정치권은 교육정책이나 입시 제도 등에서 당사자인 학생의 의견을 무시하지 않을 것입니다. 청소년의 선거권으로 인해 학부모나 교육 단체의 사리사욕에 우왕좌왕했던 교육정책이 학생에서부터 시작되는 계기가 마련되었다고 볼 수 있습니다.

새로운 유권자, 청소년의 등장

청소년이 선거권을 얻게 되면서 많은 사람들이 선거교육의 필요성에 공감했습니다. 관심도 가졌습니다. 그 공감과 관심 속에서 2020년 4월 15일 제21대 국회의원 선거 때, 14만여 청소년 시민들은 생애 첫 선거에 참여하였습니다. 이후 선거교육의 중요성에 대한 인식은 더욱 확산되었습니다. 그러나 아직까지 학교 내 선거교육은 구체적인 틀도 없을 만큼 실망스러운 수준입니다. 여전히 기 · 승 · 전 · 입시로 귀결되는 우리의 공교육! 청소년에게 '미래를 위해서'라는 명분을 앞세우며 민주시민으로 성장하는 기회를 유보해왔던 우리의 공교육은 크게 달라지지 않았습니다. 그래서 학교에서 제대로 된 선거교육을 받거나 모의 선거 경험을 한 학생이 전무한 형편입니다.

게다가 학교 내 선거운동과 정치 활동을 두고 여전히 사회적 논란이 뜨겁습니다. 선거권을 가진 시민이라면 당연히 일반적인 정치 활동이 가능해야 합니다. 하지만 새롭게 유권자가 된 우리나라 청소년은 참정권을 온전히 보장받지 못하고 있습니다. 보장은커녕 오직 학교에 소속된 학생이라는 이유로 크게 제한되고 있습니다. 우리나라 대부분의 학교는 학칙에서 학생의 정치 활동을 금지하고 있기 때문입니다. 학교를 정치판으로 오염시킬 수도 있다는 우려를 이유로 말입니다.

잠시 다른 OECD 국가들을 살펴볼까요? OECD 37개의 가입국 중 25개국은 우리나라의 고등학교에 해당하는 교육기관을 졸업하기 전에, 학생들에게 투표권을 주고 있습니다. 만 18세부터 선거에 참여할 수 있는 나라는 체코, 스위스, 핀란드, 덴마크, 이탈리아, 독일, 일본 등이 있습니다. 심지어 오스트리아와 아르헨티나는 만 18세보다 빠른 만 16세부터 선거에 참여할 수 있습니다. 따라서 대다수의 학생이 고등학교를 다니며 선거권을 행사합니다. 이와 같이 OECD의 많은 국가들은 학생이 학교에 다니는 동안 투표권을 행사할 수 있습니다. 그런데 OECD 어느 국가에서도 학교가 정치판으로 오염되었다는 소리는 들려오지 않습니다.

엄연히 선거권을 행사할 수 있는 권리가 있는 마당에 학교 안에 소속되어 있다는 이유로 학생의 학내 정치 활동을 금지하는 것은 부당합니다. 이는 헌법 및 국제인권규범, 상위법령에 반합니다. 이에 촛불청소년인권법제정연대는 청소년 선거권을 온전히 보장하라고 주장합니다. 그들에 따르면 비단 선거일에 투표할 권리뿐만 아니라, 선거에 관한 정치적 의견을 자유롭게 토론하고 선언할 권리, 정당에 관해 홍보하고 가입을 권유할 권리, 지지하는 후보자의 선거운동에 참여할 권리까지 보장되어야만 '온전한 보장'이라고 합니다.

일상의 삶과 연결된 선거교육의 필요성

이미 오래전부터 선거교육이 활성화되어 있는 유럽과 달리, 우리나라 선거교육은 아직 걸음마 단계에도 미치지 못하고 있습니다. 한 예로, 독일의 정치교육 교과서를 보면 정당과 선거에 대해 약 20쪽에 해당하는 방대한 양을 할애하고 있습니다. 또한 독일 청소년들은 1999년 청소년 모의 선거를 시작으로, 2017년 9월 실시된 연방총선 청소년 모의 선거에 전국적으로 3,490개 학교가 참가했습니다. 독일 정부는 2022년까지 모든 학교에서 모의 선거를 실시하는 것을 목표로 하고 있습니다. 교육과정에서 정당과 선거의 개념과 제도만 소개하고 있는 우리나라와는 사뭇 다릅니다.

이제 청소년도 유권자가 되었습니다. 학교는 청소년의 삶과 밀접한 선거교육에 더 적극적으로 나서야 합니다. 학생들이 자신의 삶과 연계하여 정당의 정책이나 공약을 분석하고 따질 수 있는 냉철한 정치적 판단력을 키울 수 있도록 도와야 합니다. 이에 실천적인 민주시민교육에 관심 많은 교사 네 명이 똘똘 뭉쳐, 청소년들이 실제 경험 속에서 쉽게 배우고 실천할 수 있도록 《10대가 알아야 할 민주주의의 꽃, 선거》를 집필하였습니다. 우리 청소년들이 이 책을 통해 현실 속 정치적 쟁점에 주목하고, 더 나아가 그 쟁점들을 나름대로 분석하고 자유롭게 토론하면서 정치적 판단력을 키우기를 바랍니다.

우리 청소년들이 민주시민으로 자라길 바라며

서지연, 이임순, 조미정, 현숙원

차례

Part 3

공정한 선거, 투표의 기준

Part 4
세상을 바꾸는 투표의 법칙

Part 5
다른 나라의 선거수업

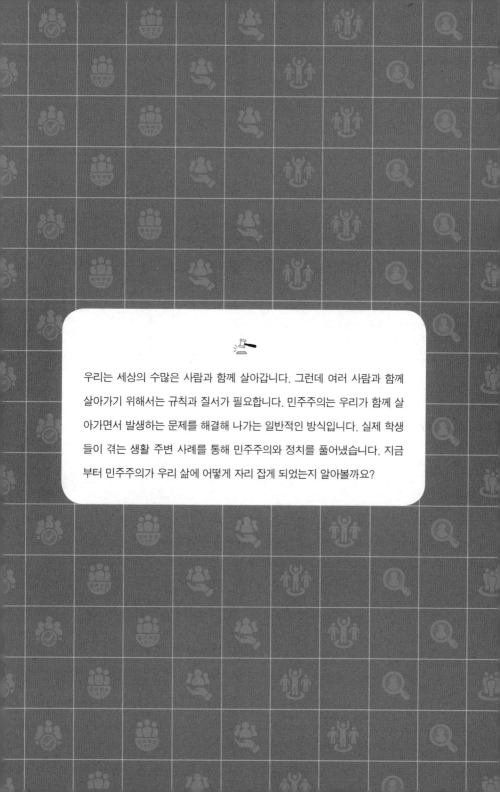

우리는 세상의 수많은 사람과 함께 살아갑니다. 그런데 여러 사람과 함께 살아가기 위해서는 규칙과 질서가 필요합니다. 민주주의는 우리가 함께 살아가면서 발생하는 문제를 해결해 나가는 일반적인 방식입니다. 실제 학생들이 겪는 생활 주변 사례를 통해 민주주의와 정치를 풀어냈습니다. 지금부터 민주주의가 우리 삶에 어떻게 자리 잡게 되었는지 알아볼까요?

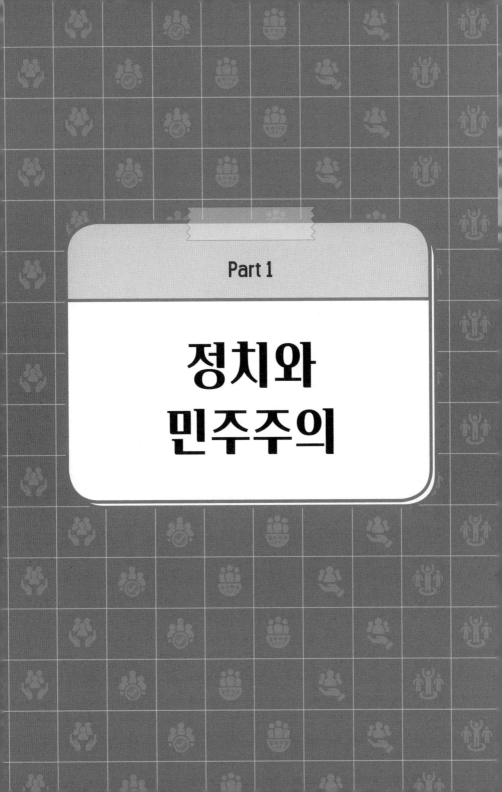

Part 1

정치와
민주주의

정치란 무엇일까요?

| 우리 삶 곳곳에서 발견할 수 있는 정치 |

우리는 일상생활이나 뉴스에서 '정치'라는 단어를 종종 듣습니다. 하지만 그때마다 왠지 정치는 나와 상관없는 단어로만 느껴져서 그냥 지나치기 일쑤입니다. 그런데 알고 있나요? 정치만큼 나와 상관있는 단어는 없다는 것을요. 잘 모르겠다고요? 그럼 지금부터 정치가 무엇인지 알아볼까요?

우리는 세상의 수많은 사람과 함께 살아가고, 그 속에서 서로 유기적인 관계를 맺습니다. 그리고 인간은 그 누구도 완전하지 않으며 완벽하지 않습니다. 때문에 서로 이해하고 배려하며 더 나은 세상을 꿈꾸며 함께 살아가는 것입니다.

그러나 때때로 이해나 배려가 부족하거나, 이해관계가 충돌하여 갈등이 발생하기도 합니다. 예컨대 특수학교 설립이나 국민지원금 분배와 같은 이슈, 자신의 의견과 욕구만을 위해서 행동하는 사람들로 인한 각종 범죄 및 사회 문제 등과 같은 갈등 말이죠. 갈등은 때와 장소를 가리지 않고 나타납니다. 여러분의 교실 속에서도 일어나고 있습니다. 급식을 먹는 순서나 체육대회나 축제와 같은 학교행사를 결정할 때도 갈등이 튀어나옵니다. 그렇다면 이러한 갈등을 우리는 어떻게 해결해 나갈 수 있을까요? 우리가 바라는 더 나은 세상을 만들기 위해 우리는 무엇을 할 수 있을까요?

국민들이 인간다운 삶을 살게 하고, 서로 간의 이해를 조정하며, 사회 질서를 바로잡는 일이 정치의 역할입니다. 쉽게 말하자면 더 나은 삶, 더 나은 세상을 위한 실천을 정치라고 할 수 있어요. 예컨대 우리 앞에 놓인 선택지 중에 더 나은 선택을 하는 것, 더 나은 선택이 없는 경우 더 나은 선택을 만들어 가는 것, 이런 실천이 곧 정치인 것입니다.

그래서 정치를 우리의 일상과 떼려야 뗄 수 없는 삶의 방식이라고 하는 것입니다. 누구나 매 순간 어떤 선택을 통해 실천하며 살아가고 있으니 말이죠. 예를 들어 우리는 체육대회를 할 것인지 말 것인지, 한다면 언제 할 것인지, 종목은 무엇으로 할 것인지, 체육대회와 축제를 함께 열 것인지 등에 대해 고민하며 우리에게 더 나은 최후의 결정을 내리고 있습니다. 그렇다면 선택하거나 참여하지 않는 사람은 정치와 관련이 없는 사람일까요? 아닙니다. 나에게 선택권이 있는 한 내가 선택하지 않더라도, 그것에 의견을 내지 않더라도 어떤 결정이 나는 순간, 나의 의도와 관계없이 그 결정에 암묵적으로 힘을 실어주게 되는 것입니다. 왜냐하면, 결정이 그렇게 되어가는 상황을 선택한 것으로 볼 수 있기 때문입니다. 이처럼 여러분은 여러분이 원하든 원하지 않든, 모든 일상생활 속에서 정치를 경험하며 살고 있습니다.

혹시 여러분은 "우리 학교에는 왜 교육복지 선생님이 안 계시나요?", "현장체험학습은 꼭 학교에서 정해준 곳으로 가야 하나요? 설문지에 있는 곳 말고 다른 곳으로 가고 싶어요!", "아르바이트를 하는 가게에서 최저 임금을 지키지 않아요!" 등에 의문을 품거나 고민을 한 적이 있나요? 이 질문들에 대한 답은 무엇일까요? 그 해답을 정치에서 찾아볼까요?

| 정치의 시작은 참여로부터 |

우선 학생생활 규정부터 이야기해볼게요. 여러분은 학교 공동체의 질서 유지를 위하여 학생이 지켜야 하는 규정에 전부 동의하나요? 아마도 몇 개의 항목에 대해서는 반감을 품을 수도 있습니다. 그럴 때는 학생생활 규정을 제정 및 개정하는 과정에 참여하여 의견을 냄으로써 여러분이 원하는 방향으로 규정을 고치거나, 새로 만들 수 있습니다. 잘 몰랐다고요? 예를 들어 체육복을 입고 등교하는 것을 허용하거나 두발 규정을 수정할 수 있습니다. 또 현장체험

학습 장소에 관해서도 학교 현장체험학습 위원회에 건의하여 설문지를 제작하는 단계부터 학생들이 참여할 수 있습니다.

만일, 교육복지 혜택이 다양해졌으면 할 때는 교육복지 사업 관련 교육청 규정이나 정책에 의견을 낼 수 있고, 학업을 중단한 청소년이 별도의 기관에서 교육을 받고자 할 때는 교육정책에, 대학교 입학과 관련 없이 고등학교 졸업 후 취직하여 정당한 임금을 받으며 생활하고자 할 때는 고용정책에 의견을 낼 수 있습니다. 최저임금 또한 최저 임금 지급을 지킬 수 있도록 하는 법안에 의견을 낼 수 있습니다.

이렇게 여러분과 직접 관련이 없어 보이던 정치라는 것이 사실은 여러분의 삶과 떼려야 뗄 수 없는 관계인 것이지요. 그래서 여러분의 삶을 좀 더 행복하게 만들기 위해서는 불편하다고 느끼는 것에 대해 침묵하지 말고 발언해야 한다는 거예요. 제가 드릴 수 있는 해결 방안은 "참여하여 의견을 내세요!"가 전부입니다. 어쩌면 여러분은 제 답변에 "말이 쉽지. 어떻게 참여하나요? 어디로 의견을 내나요?"라고 되물을 수도 있습니다. 그러면 저는 또 "여러분들이 참여하여 의견을 낼 수 있는 소통 창구를 만들어 달라고 의견을 내세요!"라고 대답하겠죠? 그러면 결국 여러분은 이렇게 생각할 것입니다. "그냥 우리의 의견을 얘기하면 되는 건가? 뭐가 이렇게 쉬워?"

맞아요. 생각보다 아주 쉬운 일이에요. 우리에게는 민주주의 국가 안에서 우리의 생각과 의견을 말할 수 있는 권리와 자유가 있기 때문입니다. 사실 우리는 우리를 둘러싼 규정과 환경에 무관심한

편이에요. 정치의 시작은 내가 머물고 있는 주변에 관심을 가지고 목소리를 낼 때 시작됩니다. 즉, 참여에서 시작되는 것이지요. 만약 별일 아니라고 무심코 지나치거나 침묵으로 문제의 상황을 덮어버린다면, 누군가 그 틈새를 비집고 들어와 우리의 자유와 권리를 억압하고 우리 위에 군림할지도 모릅니다.

여러분이 좋아하는 게임을 예로 들어 설명해볼까요? 여러분이 A라는 게임을 하고 있는데 게임의 캐릭터(아바타)나 서버(채널), 맵(map)에 오류가 생겼습니다. 그런데 아무도 게임의 문제점을 지적하지 않습니다. 그러면 게임 운영자는 구체적으로 어떤 것이, 어떻게 문제가 되는지 알아차리지 못할 수 있습니다. 또 게임 개발자 입장에서는 문제를 인식했지만 아무도 문제를 지적하지 않았기 때문에 '큰 문제가 아니구나'라는 생각에, 계속해서 나타나는 오류를 수정하지 않을 수 있습니다. 그렇게 되면 A라는 게임을 하는 사람들은 각종 오류와 함께 불편한 게임을 즐기게 되는 것이지요. 하지만 그 누구도 오류를 경험하기 위해 A라는 게임을 하는 것은 아닐 것입니다.

| 정치의 주인은 누구일까요? |

미국의 정치학자 데이비드 이스턴은, 정치란 사회적 자원의 권위적 배분이라고 했습니다. 우리가 흔히 갖고 싶어 하는 부, 권력, 명예

등을 서로 동의할 수 있는 방법이나 힘을 통해 나누어 주는 과정이 바로 정치라는 것이지요.[1] 그렇다면 여러분이 생각하는 정치는 무엇인가요? 혹시 '정치인들이 하는, 그들의 일'이라고 생각하고 있나요? 그렇다면 '정치의 주인'은 누구일까요? 여전히 '정치인'이라고만 생각하고 있나요? 만일 이같이 정치를 '정치인들만의 일'이라고 생각한다면 그것은 '좁은 의미'의 정치만을 알고 있는 것입니다. '넓은 의미의 정치'는 통치와 지배, 이에 대한 복종·협력·저항 등의 사회적 활동 전부를 의미합니다. 예컨대 무엇을 선택해서 어떤 상황을 만드는 과정이나 활동도 정치라고 할 수 있습니다. 쉬는 시간에 축구를 할지 피구를 할지 정하기 위해 학급회의를 하는 것 또한 말이죠.

여러분은 여러분이 미처 인식하지 못하는 순간에도, 정치와 관련이 없다고 생각하는 순간에도 정치적 판단에 영향을 받으며 살아가고 있습니다. 지금 이 책을 읽고 있는 순간에도 출판과 관련된 정치적 결과의 영향을 받고 있는 것입니다. 예를 들어, 한 권의 소설은 매 순간 주인공의 선택에 따라 이야기가 전개됩니다. 이때 주인공은 토끼를 따라갈 것인지 말 것인지, 빵을 훔칠 것인지 말 것인지 등 무엇을 어떻게 선택하느냐에 따라 이후의 상황이 달라지지요. 인생도 마찬가지입니다. 우리가 어떤 선택을 하느냐에 따라 우리의 삶도 달라집니다. 정치도 똑같습니다. 우리의 정치적 참여에 따라

....
1. 권혁주, 〈아침을 열며 - 정치란 무엇인가〉, 《한국일보》, 2011.9.15.

우리의 환경이 달라집니다.

여러분은 현재 자신을 둘러싼 환경에 만족하며 살고 있나요? 혹시 불편한 것은 없나요? 한번 생각해보세요. 가깝게는 지금의 입시 체제부터 멀게는 청소년·청년 복지 정책, 기후변화 정책까지 전부 여러분이 선택한 것들인가요? 아니라면 이 모든 것이 결정되는 동안 여러분은 무엇을 하고 있었나요? 만약 여러분에게 선택할 수 있는 기회가 주어진다면 어떻게 할 건가요?

몇몇 사람들은 정치가 자신과 상관없다고 말합니다. 하지만 누구나 정치의 영향을 받고 살아갑니다. 여러분도 마찬가지입니다. 자, 그럼 다시 묻겠습니다. 여러분에게 정치란 무엇인가요? 정치의 주인은 누구인가요?

📣 여기서 잠깐!

일상생활 속 사례로 살펴보는 정치

정치는 우리의 일상생활에 직접적인 영향을 줍니다. 예를 들어 버스 노선이 조정되면 통학 시간이 달라질 수 있고, 교육감에 누가 뽑히는지에 따라 학교 급식이 무상이 되기도 하고 그렇지 않을 수도 있습니다. 이처럼 버스 노선을 개편하거나 학교 급식을 결정하는 것도 정치의 역할입니다.

민주주의란 무엇일까요?

| 민주주의의 의미 |

여러분은 "민주주의란 무엇인가?"라는 질문에 뭐라고 대답할 것인가요? 어떤 사람은 자유와 평등, 박애 같은 이념이라고 말할 것이고, 어떤 사람은 정치적 제도라고 말할 것입니다. 사전적 의미의 민주주의는 '국가의 주권이 국민에게 있고, 국민을 위하여 정치를 행하는 제도'입니다. 하지만 이것은 개념으로서의 민주주의일 뿐입니다.

민주주의(Democracy, 데모크라시)는 민중(Demos, 데모스)과 지배(Kratos, 크라토스)라는 단어의 합성어로, 민중에 의한 지배(통치)를 의미합니다. 즉, 그 사회에서 다수를 차지하고 있는 평범한 시민들, 보통 사람들이 동등한 정치적 권리를 갖고 지배하는 정치 체제를 의미하는 것이지요. 이것은 정치 권력을 왕이나 귀족 등 소수의 특정한 사람이나 집단이 보유하여 지배하는 정치 체제와 근본적으로 다릅니다.[2] 민주주의에서는 다수의 대중이 지배합니다.

> **헌법 제1조 1항** 대한민국은 민주공화국이다.
>
> **헌법 제1조 2항** 대한민국의 주권은 국민에게 있고, 모든 권력은 국민으로부터 나온다.

우리나라는 헌법 제1조 1항과 2항을 규정하여 우리나라가 민주주의 국가임을 밝히고 있습니다. 민주주의 국가에서는 국민이 정치에 참여할 수 있고, 선거에서는 두 개 이상의 정당에서 후보를 내세울 수 있으며, 국민은 자유롭게 자신이 지지하는 대표자를 선택할 수 있습니다. 그리고 민주주의 국가 안에서 이러한 자유와 권리는 법으로 보장되고, 국민 모두가 평등하게 법의 보호를 받습니다.

그렇다면, 민주주의는 앞서 설명한 것과 같이 단순히 다수에 의한 통치 체제일 뿐일까요? 사실 민주주의는 또 다른 차원에서 그 개념을 정의할 수 있습니다. 왜냐하면, 실제의 민주주의는 서로 다른 여러 측면을 가진 실천적 통치 제도이면서 이상적 가치이기도 하기 때문이죠.

민주주의는 자유와 평등을 통해 인간의 존엄성을 지켜줍니다. 즉, 자유와 평등을 통해 자유롭게 행동하고 이유 없이 차별받지 않

----

2. 가상준 외, 《민주시민과 청년의 삶》, 오름, 2018.

는 것이지요. 민주주의는 정치 형태뿐만 아니라 사람 하나하나를 소중하게 생각합니다.

| 생활 속에 있는 민주주의 |

'민주주의' 하면 어떤 모습이 떠오르나요? 혹시 '민주주의'를 아주 거창하거나 복잡한 것으로 생각하고 있나요? 그렇다면 '다수결'을 떠올려보세요. 우리는 때때로 공동체의 일을 쉽고 빠르게 해결하기 위해서 '다수결의 원칙'[3]을 활용하고는 합니다.

다수결의 원칙은 다양한 의견을 하나로 모으기 위해 많은 사람의 의견에 따라 결정하는 것을 말해요. 보통은 회의에 참석한 사람들 중 절반 이상의 사람이 찬성하는 쪽으로 결정하는 것이지요. 예를 들어 대통령과 국회의원을 뽑는 선거는 물론 학교에서 하는 학급회장 선거와 학급회의의 의사 결정도 다수결의 원칙에 따라 결정합니다.

그런데 알고 있나요? 다수결의 원칙이 민주주의의 핵심 원리는 아니라는 사실을요. 그저 어떤 문제를 합의하는 하나의 수단일 뿐입니다.[4] 왜냐하면 다수의 뜻이 언제나 옳은 결정은 아니며 모든 사

....
3. 단, '다수결의 원칙'은 민주주의에서 중요한 의사 결정 수단으로서의 '필수조건'일 뿐, '다수결=민주주의'라는 공식이 꼭 성립하는 것은 아니다.
4. 허민, 〈다수 뜻 앞세운 소수 의견 억압은 민주주의란 이름의 '폭정'〉, 《문화일보》, 2021.3.29.

람의 생각과 뜻을 실현시킬 수 없기 때문입니다.

한번 생각해볼까요? 우리가 무엇인가를 좋아하는 것과 싫어하는 것을 가르듯 가치에 중점을 둔 문제나 인권에 대한 여러 가지 선택의 문제 등을 다수결의 원칙에 따라 옳고 그름을 결정할 수는 없습니다. 또한 다수결로 의견이 결정되더라도 충분한 대화와 토론이 필요하며, 소수의 의견을 존중해야 하지요. 그럼에도 불구하고 민주주의에서 다수결의 원칙을 수용하는 것은, 서로 의견이 갈리는 문제에 대한 해답을 찾는 과정에서 제기되는 결정의 정당성을 부여해주기 때문입니다.

이처럼 '민주주의'는 우리가 함께 살아가면서 발생하는 다양한 문제를 해결해 나가는 일반적인 방식을 말합니다. 우리는 여러 사람과 함께 생활하며 살아갑니다. 작게는 가정, 학교에서부터 지역, 국가까지 우리가 속하는 사회의 범위와 종류는 다양합니다. 그렇다면 다양한 사회 속에서, 다양한 사람들이 함께 살아가기 위해서 가장 중요한 것은 무엇일까요?

바로 규칙과 질서입니다. 공동체의 규칙이 있어야 서로 다른 사람들이 각자 다른 상황 속에서도 공동체를 유지하는 방향으로 행동할 수 있습니다. 그렇다면 이러한 규칙은 어떻게 정하며, 미처 규칙으로 정하지 못한 문제 상황을 맞닥뜨렸을 때는 어떻게 해결할까요? 이때 필요한 것이 '민주주의'입니다. 민주주의는 우리 공동체의 문제를 우리 모두에게 좋은 방향으로 해결해 나가기 위해 꼭 필요한 실천 원리입니다.

| 직접 민주주의 VS 대의 민주주의 |

직접 민주주의는 국가의 정책을 국민이 직접 투표로 결정하는 것을
말합니다. 예컨대 최초의 민주주의 국가라고 여겨지는 고대 그리스
도시국가인 아테네를 떠올려보세요. 아테네는 모든 시민에게 법 앞
에서의 평등을 보장하였고, 모든 시민은 민회(시민회의)에 참석하여
발언하고 투표할 수 있었습니다. 그래서 우리는 아테네를 민주주의
의 시작점이자 직접 민주주의 국가로 알고 있습니다. 하지만 여성
이나 노예, 다른 곳에서 이주한 그리스 사람은 투표에 참여할 수 없

라파엘로가 그린 〈아테네 학당〉. 중앙에 위치한 두 사람이 플라톤(왼쪽)과 아리스토텔레스
(오른쪽)이다. 자유롭게 토론하며 생활한 고대 그리스인의 모습을 엿볼 수 있다.

었습니다. 즉, 아테네에서의 시민은 18세 이상의 남자만을 의미했던 것이지요. 그래서 모든 시민의 민주주의였지만 모두의 민주주의는 아니었습니다.

대의 민주주의는 유권자가 국민을 대신하여 의사 결정을 할 대표자를 선출하고, 선출된 대표자를 통해 정부나 의회를 구성하고 운영하는 형태를 말합니다. 그리고 대표자는 모든 국민을 대신하여 국가에 대한 정책을 논의하고 처리합니다. 대부분의 민주주의 국가에서는 대의 민주주의를 채택하고 있습니다. 국민의 수가 많아지고 국가의 규모가 거대해진 만큼 현실적으로 모든 국민의 의견을 모으거나, 모든 국민이 한곳에 모이기 어렵기 때문입니다.

우리나라도 대의 민주주의를 채택하고 있으며 선거를 통해 대표자를 선출함으로써 국민 주권을 실현하고 있습니다. 그래서 우리는 대의 민주주의를 익숙하게 받아들이며, 이것이 현실적으로 최선이라고 생각합니다. 하지만 대의 민주주의는 다양화·다원화된 사회에서 다양한 개인들의 선호 및 성향, 의견을 모두 반영하는 것에 한계를 가지고 있습니다.

03 정당은 왜 필요한가요?

| 사회의 규칙을 만드는 조직, 정당 |

"정당은 현대 민주주의가 만든 최고의 발명품이다."라는 말을 들어본 적 있나요? 이것은 그만큼 현대 민주주의 사회에서 '정당'이 중요하다는 것을 의미합니다. 그렇다면 정당이란 무엇이고, 정당은 왜 중요할까요? 사전적 의미로는 '정치적인 생각이나 주장이 같은 사람들이 정권을 잡고 정치적 이상을 실현하기 위하여 조직한 단체'를 말합니다. 즉 정치적인 생각이 같은 사람끼리 모여서 함께 정책을 만들고, 공직선거[5]의 후보자를 추천하고 지원함으로써 공동의 목적을 이루기 위해 함께하는 집단을 의미합니다. 한번 생각해보세

....
5. 대통령, 국회의원, 지방자치단체의 장, 지방의회 의원 등 주요 공직을 담당할 공직자를 뽑는 선거

요. 아무리 좋은 의견이라도 혼자 주장하는 것보다 여럿이 힘을 합쳐 함께 주장해야 더 큰 영향력을 펼칠 수 있겠죠?

특히 우리나라와 같이 대의 민주주의를 채택한 국가에서 정당은 더욱 중요한 역할을 합니다. 정당은 국민의 이익을 실현하기 위하여 국민의 의견을 모아 국회나 정부에 전달합니다. 또한 국민의 의견이 정책으로 반영될 수 있도록 각 선거에 후보자를 추천하고 지지합니다. 이러한 과정을 통해 국민이 정치에 관심을 가지도록 활동하므로 현대 민주정치를 정당정치라고도 표현합니다.[6]

> **대한민국 〈정당법〉 제1장 제2조**
> 정당이라 함은 국민의 이익을 위하여 책임 있는 정치적 주장이나 정책을 추진하고 공직선거의 후보자를 추천 또는 지지함으로써 국민의 정치적 의사 형성에 참여함을 목적으로 하는 국민의 자발적 조직을 말한다.

| 정당의 필요성 |

사회는 다양한 사람들과 복잡한 이해관계로 이루어져 있습니다. 그래서 사회를 운영해 나가는 과정 또한 아주 복잡하죠. 학교를 예로 들어볼까요? 학교는 학생과 교사를 비롯하여 다양한 역할을 가진

---

6. 선거연수원, 《키워드로 알아보는 선거 · 정치 이야기》. 중앙선거관리위원회 선거연수원, 2020.

사람들이 함께하는 공간입니다. 학생만 살펴봐도 운동을 좋아하는 학생, 독서를 좋아하는 학생, 영화나 게임을 좋아하는 학생 등 다양한 유형의 학생이 있습니다.

좀 더 쉽게 한 가지 예를 들어볼게요. 학교 게시판에 교실 한곳을 특별실로 만들어서 학생들에게 제공한다는 공지사항이 올라왔어요. 특별실을 어떻게 활용할 것인지에 관해 학생들에게 의견을 받고 투표를 통해 결정하려고 한다는 내용으로요.

특별한 한 표로 특별실 만들기

○○중학교 학생 여러분, 안녕하세요? 이번에 교실 한곳을 특별실로 만들어 학생들에게 개방하려고 합니다. 특별실은 학생들의 투표를 통해 사용 목적에 맞게 꾸며질 예정입니다.

함께 생활하는 공간에 대해 함께 고민하면 즐거운 학교생활을 할 수 있습니다. 특별실 활용에 대한 의견이 있는 학생은 학생회나 학교 게시판에 자신의 의견을 전달해주세요.

위와 같은 공지를 보면 평소에 특정 공간을 필요로 하던 학생은, 특별실이 자신이 원하는 공간으로 만들어졌으면 하겠지요? 다양한 유형의 학생들이 있는 만큼 특별실에 대한 요구도 다양할 것입니다. 그런데 공지사항에 제시된 요구만으로는 특별실을 만들 수가 없습니다. 투표를 통해 결정한다고 하였기 때문이죠. 그래서 비슷한 요구가 있는 학생들끼리 모이기 시작합니다. 혼자가 아니라 함께 공동의 목표를 이루어내기 위해서 힘을 합치는 것이지요. 그리

고 어떻게 목표를 이루어 나갈지에 대해 의견을 나누고 가장 좋은 방법을 고안할 것입니다.

이렇게 함께하는 동안 학생들은 서로가 공동의 목표에 집중하고 있다는 확신을 갖게 되기도 하고, 공동의 목표를 이루기 위해 같은 의견이 다른 집단에서 나와서 표가 분산되는 것을 예방하기도 합니다. 이것이 '정당'이 등장한 배경이지요. 정당은 보다 많은 사람들이 뜻을 같이할 수 있도록 쟁점들을 큰 틀에서 묶어줍니다. 그리고 집단 구성원들이 쟁점을 어떻게 다룰지, 어떻게 해결해야 할지를 함께 판단할 수 있도록 돕습니다.[7]

정당은 공동의 목적을 이루기 위해, 즉 정권을 더욱 수월하게 획득하기 위해 필요합니다. 어떤 대통령 후보가 대학교까지 의무교육을 하겠다는 공약을 내세웠다고 가정해볼게요. 그가 정당에 속해 있을 때와 무소속일 때 이 공약의 이행 여부가 어떻게 달라질까요? 공약을 지키려면 국회에서 법률을 바꾸어야 하는데, 대통령이 무소속이라면 함께할 국회의원이 없어 어려울 수 있습니다.[8] 반면 대통령이 정당에 소속되어 있다면 생각이 같은 국회의원과 함께 법률을 만들어 정책을 실현할 가능성이 커지겠죠? 그래서 정당은 선거에 대통령 후보나 국회의원 후보를 추천하고, 자신이 속한 정당이 선거에서 이기기 위해 온 힘을 다하는 것입니다. 이처럼 정당은 국민의 뜻이 담긴 대의를 실현하기 위해 필요한 것입니다.

....
7. 에드워드 키난, 《정치 사용 설명서》(도종윤 옮김), 내인생의책, 2017.
8. 이효건, 《청소년, 정치의 주인이 되어 볼까?》, 사계절, 2013.

정당은 공공정책을 실현할 수 있는 '힘'을 가지고 있습니다. 정당은 사회가 돌아가는 규칙을 정하고 이를 실현하는 정책을 만드는 데 가장 큰 위력을 발휘하며, 정권 획득(대통령 선거)과 원내 진출(국회의원·지방선거)을 통해 우리 삶에 영향을 주는 규칙과 정책을 만듭니다.[9] 이처럼 정당은 국민의 정치적 의사를 대변하는 국가 정치 권력의 핵심 역할을 하므로, 정당의 조직과 활동은 민주적이어야 합니다.

그렇다면, 정당은 어떤 기능을 수행하고 있을까요? 정당의 가장 중요한 기능은 시민의 요구와 이익을 한데 모아 정리하여, 국가 정책에 반영하는 것입니다. 국가와 시민을 연결하는 가장 중요한 연결고리 역할을 하는 것이지요. 또한, 정당은 특수한 계급적·계층적 이익을 대변하면서도 동시에 전 사회적 이익을 대변하려고 노력

정당의 기능 [10]
- 정치적 충원: 선거에 후보자를 추천해 국민의 의사를 대변할 대표자를 선출
- 여론 형성: 국민의 다양한 의견을 모아 정리해, 정부에 전달함으로써 정책에 반영
- 정치 사회화: 국민에게 정치 교육을 실시(정치적 강연, 집회, 모임 등)
- 정부, 의회, 국민을 연결하는 매개적 역할 수행
- 정부 각 부처의 활동을 상호 조정

9. 정창영, 〈기획-정치의 실종 정당의 부재 (2)〉, 《옥천신문》, 2016.3.11.
10. 선거연수원, 《키워드로 알아보는 선거·정치 이야기》, 중앙선거관리위원회 선거연수원, 2020.

합니다. 유권자 다수의 지지를 얻기 위함이죠. 그리고 이 과정에서 정당은 특수한 집단이나 계급의 이익을 국가 전체의 관점에서 조정·조율하는 역할을 하기도 합니다.

| 우리나라 정당의 현주소 |

우리나라에는 50개가 넘는 정당이 있지만 실제 정책을 실현하는 정당은 극소수에 불과합니다. 당원의 활동이 활발히 이루어지는 다른 나라와 달리 우리나라는 정당에 가입하여 적극적으로 활동하는 당원이 많지 않기 때문입니다. 우리나라의 당원수는 2019년에 비해 0.2퍼센트 증가한 877만1263명으로, 인구수 대비 16.9퍼센트, 선거인수 대비 19.9퍼센트입니다.[11] 2017년부터 2020년까지의 정당 가입 현황을 보면 점차적으로 당원수가 증가하고는 있지만, 총 인원수로 보면 여전히 유권자와 소통이 제대로 이루어지지 않고 있는 것으

정당 가입 현황

구분	2017	2018	2019	2020
인구수	51,778,544	51,826,059	51,849,861	51,829,023
당원수	7,507,952	7,825,929	8,657,559	8,771,263

자료: 중앙선거관리위원회

....
11. 중앙선거관리위원회, 〈2020년도 정당의 활동개황 및 회계보고〉, 2021.

로 여겨집니다.

우리나라는 대통령을 배출한 정당을 여당이라고 하며, 어느 때든 여당은 1개의 정당뿐입니다. 하지만 야당은 현재 정권을 잡고 있지 않은 정당을 말합니다. 여당과 야당은 대통령 선거에 따라 달라집니다. 여당은 대통령과 함께 자신들이 생각한 방향으로 정치를 하기 위해 애를 쓰는 반면 야당은 여당의 반대편에 서서 정부의 정책을 비판하고 견제하는 동시에 다음 대통령 선거 때 대통령을 배출하기 위해 노력합니다.

그런데 대통령에 당선된 여당이 야당보다 국회의원 수가 적으면 어떻게 될까요? 아무래도 야당에서 여당의 정책을 반대하는 일이 많겠지요. 왜냐하면 대통령을 당선시킨 정당이라고 해도 국회의원 의석수가 적으면 여러 가지 정책이나 법을 만들 때 어려움을 겪기 때문입니다.

📢 여기서 잠깐!

우리나라의 이색 정당

선거철이 되면 국민의 관심을 받기 위해 이색 정당이 등장하기도 합니다. 우리나라는 2020년 제21대 국회의원 선거를 앞두고 결혼미래당, 국민혁명배당금당, 핵나라당 등의 정당이 등록되었습니다. 하지만 이러한 정당이 이름만큼 국민의 정치적 의사를 잘 반영한 정책을 추진한다면 국민의 관심과 사랑을 받는 정당으로 커나갈 수도 있습니다.

| 정당이 하나인 나라 vs 정당이 여러 개인 나라 |

정당 제도는 분류 기준에 따라 다양하게 나눌 수 있지만, 일반적으로 정당의 수를 기준으로 일당제(단일 정당제)와 복수 정당제로 분류합니다. 일당제는 한 국가에서 정권 획득을 목표로 활동하는 정당이 하나만 있는 경우, 정당이 여러 개 있으나 나머지는 형식적으로 존재할 뿐 한 정당만 계속 집권하는 경우입니다. 중국, 북한, 쿠바 같은 전체주의 공산 국가에서 볼 수 있는 유형이지요.

복수 정당제는 단일 정당제를 부인하는 정당 제도로 대부분의 민주주의 국가에서는 정치적 기본 질서의 하나로서 2개 이상의, 여러 개의 정당을 인정하여 정당 설립의 자유를 보장합니다. 복수 정당 체제는 나라마다 조금씩 다르게 나타나는데 크게 다당제와 양당제로 나뉩니다.

다당제는 세 개 이상의 정당이 활동하는 것을 말합니다. 어느 하나의 정당도 단독으로 정권을 획득할 수 없을 만큼, 과반수의 의석을 확보한 정당이 하나도 없는 경우가 일반적이지요. 그래서 정권을 잡기 위해 정당 간에 연합하는 일이 많습니다. 이탈리아, 스웨덴, 네덜란드, 일본 등이 대표적인 다당제 국가입니다. 다당제는 국민이 정당을 선택할 수 있는 폭이 넓기 때문에 국민의 생각을 다양하게 반영할 수 있습니다. 하지만 정당이 많은 탓에 의견을 하나로 모으지 못할 때도 있어 능률이 떨어지고, 강력한 정책 실현이 어려울 수 있습니다.

양당제는 세력이 비슷한 두 개의 정당이 선거를 통해 정권을 획득하기 위해 경쟁하는 정당 체제를 말합니다. 형식적으로 여러 개의 정당이 있지만, 실제 정권 획득을 위해 경쟁을 벌이는 정당이 두 개인 경우이지요. 양당제는 정당의 수명이 길고, 정책의 일관성을 유지하기 쉽습니다. 또한 선거에 참여하는 정당의 정책이나 공약을 비교하기 쉽기 때문에 유권자가 후보자를 비교 검토하여 선택하기가 쉽습니다. 미국, 영국, 캐나다, 뉴질랜드 등이 대표적인 양당제 국가입니다. 양당제에서는 두 개의 정당이 합의만 하면 되기 때문에 정책 결정이 신속하고 효율적인 반면 정당의 선택의 폭이 제한되어 국민의 다양한 의견이 수렴되지 못한다는 단점이 있습니다.

📢 여기서 잠깐!

정당은 언제 생겼나요?

근대 민주주의는 시민 계급의 등장과 함께 시작되었습니다. 상업을 통하여 부와 영향력을 축적한 시민 계급은 강력한 절대왕정과 전통적 신분 사회에 저항하며 시민적 권리와 자유를 주장하기 시작하였죠. 시민권은 이후 선거권, 언론의 자유, 집회·결사의 자유를 비롯한 정치적 권리에 대한 요구로 확대되었는데, 시민 계급은 보다 효율적으로 경제적 권리와 자유를 쟁취하고자 정치적 조직을 결성하거나 가입하였습니다.

이 과정에서 정당이라는 새로운 제도가 탄생하였어요. 즉, 정당은 시민적 권리의 내용이자 동시에 시민적 권리를 쟁취하기 위한 도구로 등장한 것이지요.

정당의 발달은 영국 역사에서 살펴볼 수 있습니다. 스튜어트 왕조가 재건된 1650년부터 1668년 사이에 스튜어트 왕조의 특권에 대한 인정 여부를 둘러싸고 왕의 전통적 특권을 옹호하는 토리당과 이를 반대하는 휘그당 간의 정치적 투쟁이 일어납니다. 이 두 세력은 명예혁명(1688년) 이후에는 의회 민주 정치의 발전과 함께 휘그당은 자유당으로, 토리당은 보수당으로 발전하였습니다. 1900년에 들어서는 노동당이 창당되면서 휘그당을 대신하여 보수당을 견제하고 있습니다. 이렇게 영국은 오늘날까지 보수당과 노동당이 경쟁하는 정치 체제를 형성하고 있습니다.[12]

12. 김순영 외, 《민주시민교육 표준모델(선거 · 정당관계자용)》, 선거연수원, 2016.

04 왜 정부 형태는 나라마다 다른가요?

| 대통령의 의미 |

혹시 힙합 대통령, 발라드 대통령, 농구 대통령이라는 말을 들어본 적 있나요? 우리나라에서는 간혹 어떤 분야에 뛰어난 능력을 보이는 사람을 ○○ 대통령이라고 부릅니다. 예를 들어 춤을 굉장히 잘 추는 댄서를 '댄스 대통령 ○○○'라고 부르며 대표적인 댄서로 꼽지요. '대통령'은 우리나라를 대표하는 사람입니다. 우리나라는 국가를 대표하는 국가의 원수를 '대통령'이라고 부르며, 대통령을 중심으로 나라의 정치가 운영되고 있습니다.

대통령제를 조금 더 자세히 살펴볼까요? 대통령제는 권력분립의 원리에 기초를 두고 입법부와 행정부가 엄격하게 분리·독립되며, 국민에 의해 독자적으로 선출되는 대통령을 중심으로 행정권을 행사하는 정부 형태를 의미합니다. 대통령과 국회의원은 국민에 의해, 행정부는 대통령에 의해서 선출 및 구성되는 것이지요. 따라서 대통령제에서 대통령은 국가를 대표하는 동시에 행정부를 대표합니다.

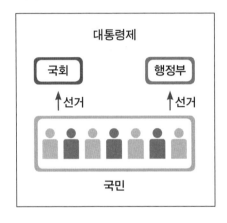

대통령제에서는 대통령 선거, 국회의원 선거가 이루어지며, 이 선거를 통해서 의회가 구성되고 다수당이 결정되며, 행정부의 수반이 선출됩니다. 이렇게 투표를 통해 선출된 대통령은 국정 운영을 위해 행정부의 장관을 임명하여 행정부를 관할합니다. 이처럼 국민에 의해 선출된 대통령과 대통령을 수반으로 한 행정부는 국민에 대해서 책임을 지고, 견제와 균형의 원리에 따라 입법부인 의회로부터 완전히 독립되어 있기 때문에 의회에 대해서는 책임을 지지 않습니다.

대통령제에서는 대통령 선거와 국회의원 선거가 각각 치러지기 때문에 국회의원 선거를 통해 과반수의 의석을 차지한 다수당이 꼭 여당이 되거나, 여당이 꼭 다수당이 되지는 않습니다. 예컨대 대통령을 배출한 여당은 A당이지만, 과반수의 의석을 차지한 당은 B당일 수도 있다는 것입니다. 그래서 여당이 다수당이 되는 경우에는 행정부와 의회의 협조가 용이할 수 있지만 독재의 가능성이 있으며, 야당이 다수당이 되는 경우에는 독재를 견제할 수 있으나 행정부와 의회의 대립이나 갈등이 나타날 수 있습니다.

또한, 대통령제는 대통령의 임기가 보장되기 때문에 대통령 임기 동안 국정을 안정적으로 운영하여 국가 정책의 지속성이 보장된다는 장점이 있습니다. 다만 이러한 특징은 대통령제에서 의회에 내각 불신임권이 없다는 점에서 자칫하다가는 행정부가 독재화될 위험을 품고 있습니다. 따라서 견제 수단으로 의회는 탄핵소추권[13]을 가지며, 이를 통해 행정부를 견제할 수 있습니다. 뿐만 아니라 대통령은 국회와 사법부에 영향력을 행사할 수 있습니다. 예를 들어 임시회 소집을 요구하거나 국회에 출석 및 발언 또는 서면으로 의사를 표시할 수 있고, 법률안 제출, 공포, 거부하는 등의 권한으로 국회의 입법 활동에 영향을 미칠 수 있습니다.

그렇다면, 대통령제에서 법률안 제출권[14]과 국회를 해산할 권한이 없는 행정부에서 의회가 만든 법안이 국민의 생활에 악영향을 주거나 이익을 침해할 경우에는 어떻게 대처할 수 있을까요? 마찬가지로 견제 수단으로 법률안을 거부할 권한을 가지고 있어요. 그래서 대통령제에서는 탄핵소추권과 법률안 거부권[15]으로 서로를 견제하며 권력분립의 원리를 실현하고 있다고 할 수 있습니다.

....
13. 국가기관 고위직 공무원들의 위헌·위법 행위에 대해 의회가 책임을 묻는 것을 말한다.
14. 우리나라의 경우 헌법 제52조(국회의원과 정부는 법률안을 제출할 수 있다)로 행정부의 법률안 제출권을 인정하고 있다(우리나라 대통령제의 의원내각제적 요소).
15. 의회는 내각이 국가 운영을 제대로 하지 못하는 경우 내각을 신임하지 않는다는 의사를 결의함으로써 정치적 책임을 물을 수 있다.

| 의원내각제에 대한 이해 |

의원내각제라는 정부 형태에 대해 들어본 적 있나요? 아니면 '총
리', '내각'이라는 말을 들어본 적 있나요? 의원내각제는 현재 대통
령제를 채택한 우리나라에서 조금 생소하게 느껴질 수 있겠지만,
과거에 실시했던 역사와 현재 우리나라의 제도 몇몇 부분에 '의원
내각제적 요소'가 포함되어 있기 때문에 함께 살펴보다 보면 잘 이
해될 거예요.

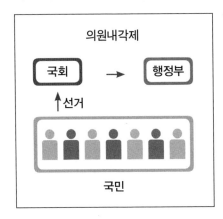

의원내각제란 국회의원
들이 내각, 즉 행정부를 구
성하는 형태를 말합니다.
국민은 선거를 통해 국회
의원을 선출하고, 선거를
통해 다수를 차지한 정당
에서 대표자인 수상이 선
출되고, 그 수상이 내각을
구성하는 것이지요. 따라서 행정부의 구성과 존립에 국회가 크게
관여하며, 국회의 신임이 필수적인 정부 형태입니다. 여기에서 대
통령 또는 왕은 국가원수로서 의례적·형식적인 권한만을 가지며,
행정권은 내각이 갖기 때문에 행정부의 이원적 구조가 나타나게 됩
니다.

　의원내각제는 국회의원만 국민에 의해 선출되기 때문에 선거가

한 번만 치러지며 이 선거를 통해서 의회가 구성되고 다수당이 결정됩니다. 이후 기본적으로 의회가 행정부를 구성하며, 행정부로 구성된 수상과 내각은 의회에 대해서 책임지는 정치를 합니다. 의원내각제에서 내각은 의회에 연대책임을 지기 때문에 정치적 책임에 민감하여 책임정치가 가능한 것이지요.

그러나 의회 내 과반수 정당이 없어 연립내각이 구성될 경우 국정이 불안할 수 있습니다. 이처럼 의원내각제는 행정부와 의회가 긴밀한 관계를 형성하고 있으며 권력이 융합되어 나타나는 특징이 있습니다.

그렇다면 국회의원 선거를 통해 다수당이 결정되지 못한 경우에는 어떻게 될까요? 앞서 대통령제는 대통령 선거와 국회의원 선거가 각각 치러지기 때문에 어떤 경우에도 행정부와 의회가 구성됩니다. 하지만 국회의원 선거만을 통해 의회와 행정부가 구성되는 의원내각제의 경우 선거를 통해 의석을 가장 많이 차지한 다수당이 결정된 상황과 아닌 상황에서의 행정부 구성 과정은 조금 차이가 있습니다. 좀 더 쉽게 설명하기 위해 국회의원 의석수가 100석이 있다고 가정하고, 정당별 의석수를 표 1과 표 2로 비교해서 살펴볼게요.

예컨대 표 1처럼 선거 결과가 나온 경우, A당이 다수당이면서 가장 많은 의석을 차지했기 때문에 A당의 대표가 수상이 되어 행정부를 구성하면 됩니다. 다만 A당이 의회와 행정부를 동시에 차지한 상황이기 때문에 다수당의 횡포가 일어날 가능성이 있어 주의해야겠지요.

표 1

정당	정치 성향	의석수(총 100석)
A당	좌	51
B당	우	30
C당	우	10
D당	좌	9

다음은 표 2처럼 어느 정당도 과반수 의석을 차지하지 못한 경우입니다. 다수당은 B당이 되었고요. 하지만 B당 또한 과반수 의석을 차지하지 못했기 때문에 단독으로 행정부를 구성하는 것에 무리가 있습니다. 이렇게 단독으로 과반수 의석을 얻지 못한 경우에는 과반수를 구성할 수 있는 뜻이 맞는 다른 정당과 연합을 형성할 수 있습니다.

표 2

정당	정치 성향	의석수(총 100석)
A당	좌	32
B당	우	33
C당	우	10
D당	좌	10
E당	좌	7
F당	우	8

해당 사례의 경우 B당이 C당, F당과 성향으로 연합을 형성한다면 B당, C당, F당의 연립내각 또는 연립정부 형태가 되는 것입니다.

이러한 연립내각 형태는 의원내각제이면서 다당제일 경우에만 가능합니다.

하지만 정당이 연합을 형성할 때는 그에 상응하는 대가가 따르겠죠. 다수당인 B당의 대표가 수상이 되어 행정부를 구성하는 과정이나 법률안을 제출하는 과정에 C당과 F당이 의견을 함께하지 않으면 어떤 일을 추진하는데 어려움이 생길 수 있습니다. 또 다른 경우는 이 연합이 깨지는 상황입니다. 예컨대 C당이나 F당 중에 한 당이라도 연합에서 탈퇴해 버리는 경우 성향상 어느 쪽도 과반수 의석을 차지하고 있지 않기 때문에 행정부가 구성될 수 없는 상황을 맞을 수 있습니다. 다만 C당이나 F당이 연합을 탈퇴하고 A당, D당, E당과 새로운 연합을 형성하는 경우 이쪽이 다수당이자 과반수 의석을 차지한 연립내각이 될 수 있습니다.

이처럼 의원내각제는 선거의 결과에 따라서 다수당, 과반수 의석이 결정되며, 과반수 의석을 차지하는 것에 따라 행정부 구성의 과정과 국정 운영 방식이 달라질 수 있습니다. 또한, 내각과 의회가 서로를 견제하기 위한 수단으로 사용되는 의회의 내각 불신임권[16]을 보면 알 수 있듯이 의원내각제에서 수상의 임기는 보장되지 않습니다. 그에 따라 정책의 지속성도 보장될 수 없고요. 하지만 그만큼 의회에 대해 책임지는 책임 정치가 실현될 수 있다는 뜻이기도 합니다. 의원내각제에서의 행정부는 법률안 제출권과 의회를 견제

....
16. 내각이 정치를 못할 경우 책임을 물어 내각 구성원 전원을 사퇴하게 할 수 있는 권한이다.

하기 위한 수단으로 의회 해산권[17]을 갖고 있기 때문에 내각은 의회를 해산시킴으로써 책임을 물을 수 있습니다.

| 대통령제와 의원내각제의 차이 |

앞서 각 제도의 특징에 대하여 설명한 것이 잘 이해가 되었나요? 이번에는 두 정부 형태가 구체적으로 어떤 차이를 갖는지 조금 더 구체적으로 살펴보도록 하겠습니다.

첫째, 대통령과 수상의 선출 방식에서 차이가 있습니다. 대통령제에서는 유권자가 선거를 통해 대통령을 선출합니다. 반면 의원내각제에서는 의회의 다수당이 행정부인 내각(수상과 각료)을 구성합니다. 이때 대통령제는 정해진 임기가 있어 행정부의 안정성이 보장되는 반면, 의원내각제에서는 비정기적인 선거를 통하여 기본적인 변화를 도출하고 재편성을 시도하며 무엇보다 수상을 선임하거나 파직시킬 수 있습니다. 대통령제에서도 대통령을 조기에 사임시키는 과정(탄핵)이 있지만 쉽지 않습니다.[18]

둘째, 대통령제에서는 행정부와 의회는 각각 국민의 투표에 의해

....

17. 내각 불신임권 권한에 맞서서 총리가 가지는 권한으로, 총리는 내각 불신임에 대항하거나 국정 운영의 어려움을 벗어나기 위해 의회를 해산하고 선거를 통해 의회를 재구성할 것을 요구할 수 있다.
18. 김계동, 〈대통령제와 의원내각제, 무엇이 다른가〉, 《프레시안》, 2017.4.3.

선출되기 때문에 상호 독립적이며 권력이 분립되어 나타납니다. 한편 의원내각제의 경우 의회는 국민의 투표에 의해, 내각은 의회에 의해 선출되기 때문에 내각은 의회의 신임에 의존하며, 의회와 내각은 상호 의존적이며 권력 융합적입니다.

대통령제는 대체로 견제와 균형을 유지하는 것 같지만 행정부와 입법부의 합의가 이루어지지 않아 교착 상태가 될 때가 있습니다. 하지만 의원내각제에서는 교착 상태가 잘 나타나지 않는데, 그 이유는 행정부와 입법부가 같은 정당에 의해서 이루어지기 때문입니다.

셋째, 대통령은 의회의 협조 혹은 조언이 없어도 정책을 결정할 수 있기 때문에 내외적으로 일사불란한 정책이 필요한 경우에 적절하게 해결할 수 있지만, 반면 의원내각제에서 수상은 정책을 결정하기 이전에 내각의 협조를 구해야 하기 때문에 신속한 정책 결정 요구 시 대처에 어려움이 있습니다.

넷째, 대통령제에서는 대통령 선거와 국회의원 선거가 각각 치러지기 때문에 다수당이 꼭 여당이 되거나, 여당이 꼭 다수당이 되지는 않습니다. 다만, 여당이 다수당이 되는 경우 행정부와 의회의 협조가 용이할 수 있지만 독재의 가능성이 있으며, 야당이 다수당이 되는 경우 독재를 견제할 수 있으나 행정부와 의회의 대립이나 갈등이 나타날 수 있습니다.

반면 의원내각제에서는 국회의원 선거로 과반수 의석을 차지한 정당을 다수당이라고 하며, 다수당에서 수상이 선출되고 행정부가 구성됩니다. 따라서 의회와 내각의 협조가 용이하지만 다수당의 횡

포가 나타날 수 있습니다.

다섯째, 대통령제에서 대통령은 의회의 법률안을 거부할 수 있고, 의회는 대통령의 탄핵을 소추하는 권한을 가짐으로써 서로를 견제합니다. 의원내각제에서 수상은 의회를 해산할 수 있고, 의회는 내각 불신임 결의권을 행사함으로써 서로를 견제할 수 있습니다.

구분	대통령제	의원내각제
정부의 최고 책임자	대통령	총리
선출 방법	국민 투표	의회 선출
시행 국가	대한민국, 미국, 브라질, 필리핀, 멕시코 등	일본, 영국, 스페인, 캐나다 오스트레일리아, 독일, 인도 등

📣 여기서 잠깐!

우리나라는 어떤 정부 형태일까?

우리나라는 대통령제를 채택하고 있지만 의원내각제적 요소도 일부 띠고 있습니다. 행정부의 법률안 제출권을 인정함으로써 대통령이 국회의 입법 과정에 영향을 미치는 것을 허용하고 있습니다. 또한 우리나라는 의원내각제처럼 총리가 있습니다. 바로 대통령의 국정 운영을 보좌하는 국무총리입니다. 이때 국무총리는 국회의원을 겸직할 수 있습니다. 국회는 대통령에게 국무총리의 해임을 건의할 수 있습니다. 이러한 점이 의원내각제적 요소에 해당합니다.

05 권력을 분립하는 이유는 무엇인가요?

| 권력을 나눠야 하는 이유 |

《우리들의 일그러진 영웅》을 읽어본 적이 있나요? 이 작품에 나오는 '엄석대'라는 인물은 학급 반장이라는 지위를 이용하여 학급 내 아이들에게 절대적인 권력을 휘두르는 독재자입니다. 학급 안에서의 모든 권력이 '엄석대'에게 있기 때문에 그 누구도 '엄석대'의 뜻을 거스르지 못하지요. 어쩌다가 반항이라도 하는 날에는 '엄석대'와 그를 따르는 무리로부터 보복을 당하기 때문에 그저 순종하며 따르는 수밖에 없는 것입니다. 그리고 그럴수록 '엄석대'가 가진 권력은 더욱 견고해지고 엄석대는 무엇이든지 마음대로 행동하며 친구들 위에서 군림하게 됩니다.

권력은 지배하거나 복종시키는 힘입니다. 강제적인 힘이지요.

그래서 권력을 가진 사람은 원하는 대로, 바라는 대로 상황을 만들어 나갈 수 있습니다. 최근에 투표를 통해 아이돌 팀을 구성하고, 그들에게 데뷔의 길을 열어주는 프로그램의 투표조작 사건이 논란이 되었지요. 프로그램 제작을 담당한 PD가 자신이 가진 권력으로 투표수를 조작하여 데뷔할 수 있는 아이돌 팀을 마음대로 구성한 사건입니다. 프로그램을 제작하고 운영해 나가는 데 있어서 모든 권력을 쥐고 있었기 때문에 가능했던 일이었습니다.

이처럼 한 사람이, 한 팀이 모든 권력을 가지고 있으면 다른 사람의 자유와 평등, 평화를 억압하며 독재할 우려가 있습니다. 독재는 독재자를 제외한 많은 사람의 권리와 이익을 침해합니다. 그래서 독재와 독재를 통해 나타날 피해를 방지하기 위해서 권력을 나누는 것이 필요합니다. 한 사람이 아니라 여러 사람이 권력을 가지고 서로를 견제하도록 함으로써 독재의 가능성을 차단하는 것이지요. 만일 '엄석대'가 가진 모든 권력 중에서 몇 개를 덜어 내어 누군가에게 주었다면, PD가 가진 권력을 견제할 수 있는 사람이 있었다면, 투표수를 조작하는 일은 없었을 것입니다. 왜냐하면 다른 사람의 눈총을 받거나 견제를 통해 독재가 불가능했을 테니까요.

| 삼권분립, 민주주의의 시작 |

권력분립은 국민의 자유와 권리를 보장하기 위한 것입니다. 국민의

자유를 지키기 위한 하나의 정치 기술인 것이지요. 권력분립은 국가 권력을 나누어 여러 개의 국가기관을 둠으로써 국가 활동의 능률을 높이는 분업적 원리가 아니라, 국가 권력을 제한하여 남용을 방지하기 위한 소극적 원리예요. 그래서 권력을 장악할 수 있는 다수나 특정 세력 모두를 감시하고 견제할 목적으로 발전했어요. 즉 권력에 대한 견제와 권력의 균형을 이루어 국민의 권리와 자유가 지켜질 수 있도록 국가적으로 제도적 장치로서 마련한 것이지요.

우리나라를 포함한 대부분의 민주주의 국가는 국가 권력이 어느 한곳에 집중되지 못하도록, 권력을 여럿으로 나누고 있습니다. 권력이 한쪽으로 치우치면 권력을 함부로 휘두르거나 국민의 권리와 자유를 해칠 수 있기 때문입니다. 그렇다면 국가 권력은 몇 개로 나누는 것이 가장 균형적일까요?

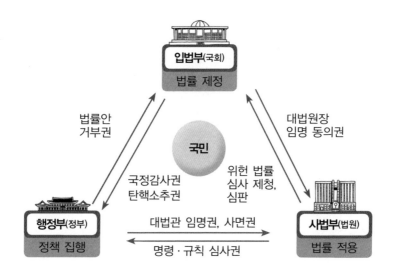

우리나라의 국가 권력은 법을 만드는 입법부(국회), 법을 집행하고 나라의 살림을 운영하는 행정부(정부), 법에 따라 재판을 하는 사법부(법원)로 분립되어 있습니다.

입법부는 국회라고도 하며 법을 만드는 일을 합니다. 행정부의 수반인 대통령이 마음대로 권력을 휘두르거나 독재할 수 없도록 견제하는 역할도 합니다. 일반적으로 의회라고도 하는데 의회의 본래 임무가 법을 만드는 것이므로 입법부라고 부르는 것이지요. 우리나라에서는 국회라고 통칭하고 있습니다. 법을 만드는 입법 활동은 국회의 가장 큰 역할이자 임무입니다.

법은 민주주의를 움직이는 기초가 되기 때문에 국민 생활의 중심이 되는 법을 만드는 국회의 책임이 매우 크다고 할 수 있습니다. 어쩌면 법이 있어야 하기 때문에 국회가 있는 것이라고도 할 수 있습니다. 또한, 국회는 법을 만드는 일 외에 국정감사를 통해서 대통령과 정부가 하는 일을 감시하기도 합니다. 해마다 정해진 기간에 정부의 각 부처가 한 일을 검토하고 잘못된 점이 있다면 바로잡을 것을 요구하는 일이지요.

행정부는 대통령과 국무총리, 그리고 행정 각부의 장관 등으로 구성되어 있습니다. 흔히 행정부를 나라의 살림을 도맡아 운영하는 곳이라고 일컫는 것처럼 행정부는 국가 운영을 위하여 아주 많은, 다양한 일을 하고 있습니다. 우선 국민이 국가 안에서 편안하고 안전한 생활을 할 수 있도록 국민이 낸 세금을 이용해 복지와 치안을 담당합니다. 가깝게는 행정복지센터의 공무원, 경찰관, 소방관 등에게 임무를 주어 국민을 보호하고 사회의 질서를 유지하지요. 또한, 우리의 삶의 질을 높여주는 도로나 댐과 같은 공공시설을 만들고 관리하는 일을 합니다. 이 외에도 여러 가지 정책과 계획을 세워서 국가의 발전과 국민의 행복을 증진시키기 위해 다방면으로 노력합니다. 예컨대 환경 보호나 교육, 사회복지와 관련된 정책 등을 세우고 실천하는 것이지요.

사법부는 법에 따라 재판을 하는 기관으로 대법원과 고등법원, 지방법원을 비롯한 대법원이 관할하는 모든 법원 조직을 말합니다. 사법부는 법에 따라 재판을 통해 공정하게 판결함으로써 사회 질서를 유지하는 역할을 합니다. 앞서 법은 민주주의를 움직이는 기초가 된다고 말한 바 있습니다. 법은 일상생활의 질서를 지켜주는 규칙이 되기 때문에 '어떤 잘못에는 어떤 처벌이 뒤따른다'는 과정과 결과가 있습니다. 그래서 사람들은 공동체 속에서 사회 질서를 지키며 살아가고자 노력하기도 하는 것이지요. 또한, 사법부는 입법부가 만든 법률이나 행정부의 명령과 규칙이 헌법에 위배되고 있지는 않은지를 심판하기도 합니다. 심판 결과 헌법에 위배되는 경우 그것을 없애는 권한도 있습니다.

종합하여 말하자면, 국민의 대표로 선출된 의회의 국회의원은 국민의 뜻을 반영하여 국민의 권리를 보장하고 국가의 유지와 발전을 위한 법을 만듭니다. 그러면 나라의 살림을 운영하는 정부는 이 법에 따라 국가를 운영하지요. 그리고 이 과정에서 법원은 법률에 어긋나게, 다시 말해 국민의 뜻에 어긋나게 권력을 행사하는 일이 일어나고 있지는 않은지 감시하고, 재판을 통해 바로잡습니다. 이 세 기관은 서로 떨어진 상태에서 적절한 거리를 유지하며 서로 감시하고 견제합니다. 이러한 과정에서 국민의 뜻은 존중되고, 국민의 기본권은 보장될 수 있습니다.[19]

이것이 삼권분립의 목적입니다. 권력을 세 곳으로 나누어 어느 한곳에라도 지나치게 집중되지 않도록 하거나, 견제를 통해 서로 간의 균형을 이룰 수 있도록 하는 것이지요. 한 권력이라도 다른 권력을 침해하는 경우 삼권분립의 본 목적을 벗어나는 것입니다. 그러므로 국민의 역할이 중요합니다. 세 개의 기관이 서로 감시하고 견제하더라도 언제, 어떤 식으로 권력 침해가 일어날지 모릅니다. 따라서 국민들은 언제나 삼권분립이 잘 이루어지는지 지켜보고, 의문을 제기할 수도 있어야 합니다.

이처럼 삼권분립은 국가가 국민의 권리를 보장한다는 점에서, 또한 국민이 스스로 국민의 권리를 보호한다는 점에서 민주주의의 시작점이라고 할 수 있습니다.

| 견제로 균형 맞추기 |

입법부와 행정부와 사법부는 서로 어떻게 견제하며 균형을 맞추고

----

19. 이효건, 《청소년, 정치의 주인이 되어 볼까?》, 사계절, 2013.

있을까요? 우선 '입법부와 행정부'의 관계부터 살펴보도록 할게요. 입법부인 국회는 행정부인 정부가 공정하게 국정을 운영하고 있는지, 잘못된 부분은 없는지에 대하여 국정감사와 국정조사를 할 수 있어요. 국정 전반에 걸쳐 필요하다고 여겨지는 모든 부분에 대해서 진실성과 정당성을 조사하는 것이지요. 정부는 국회를 통과한 법률안에 대해서 이의가 있을 때 그 법률안을 다시 의논하여 결정할 수 있도록 법률안을 거부할 수 있어요. 국회가 통과시킨 법률안의 성립을 저지할 수 있는 것이지요.

이어서 '행정부와 사법부'의 관계를 설명하자면, 사법부인 법원은 정부가 만들고 시행하는 명령, 규칙, 처분이 헌법이나 법률에 어긋나는 것은 아닌지 심사할 수 있어요. 법에 근거하여 판단하는 것이지요. 행정부의 수반인 대통령은 법원의 대법원장과 대법관을 임명할 수 있습니다. 법원은 재판에 관해서 정부나 국회의 간섭을 받지 않기 때문에 독립적인 만큼 강한 책임감이 필요합니다. 그래서 독립이 고립이나 독재가 되지 않도록 행정부의 수반은 깊게 고민하고 고려하여 적절한 인재를 임명합니다.

'사법부와 입법부'의 관계에서 법원은 국회가 만든 법률에 관하여 그 법률이 헌법에 어긋나는 것은 아닌지에 대해 심판할 수 있는 권리를 가져요. '그 법률이 헌법에 위배되는가?'의 여부를 심사하여 헌법에 위배된 것으로 보일 때에는 그 법률의 효력을 잃게 하거나, 적용되는 것을 거부할 수 있습니다. 국회는 정부가 법원의 대법원장과 대법관을 임명할 때 동의권을 행사할 수 있습니다. 다시 말해서 대통령은 국회의 동의를 얻어야만 대법원장과 대법관을 임명할 수 있습니다.

이렇게 '국회와 정부와 법원'이 서로 견제할 때 권력의 치우침이나 독재, 부정부패를 막을 수 있고, 균형을 맞출 수 있는 것이지요.

📢 여기서 잠깐!

몽테스키외의 삼권분립

권력분립은 영국 정치 사상가 존 로크로부터 시작되었습니다. 그는 입법과 행정을 분리하는 이권분립을 주장했습니다. 이를 발전시킨 것이 프랑스의 사상가 몽테스키외입니다. 몽테스키외는 1748년 《법의 정신》이라는 책을 통해 입법 · 행정 · 사법의 분리를 주장했습니다.[20]

그의 철학이 현실이 된 것은 1787년 미국연방헌법이 삼권분립을 채택하면서부터입니다. 1791년 프랑스 헌법에서도 이를 받아들이며 삼권분립의 원칙이 점차 반영되었습니다. 이렇게 점진적으로 발전한 삼권분립 원칙은 오늘날 대부분의 민주주의 국가가 따르는 민주정치의 형태로 자리를 잡았습니다.

....
20. 강기헌, 〈삼권분립〉, 《중앙일보》, 2021.2.8.

06 지방자치제도란 무엇인가요?

| 우리나라의 지방자치제도 |

우리나라는 지방자치를 실시하고 있습니다. 그렇다면 지방자치란 무엇일까요? '자치'란 스스로 자(自)와 다스릴 치(治)로, '스스로 다스린다'는 뜻입니다. 자기를 둘러싼 것들에 관해 스스로 판단하고 관리하고 처리하는 것이지요. 즉, 지방이 지방의 일을 스스로 다스린다는 뜻입니다.

구체적으로는 '지역'에 거주하는 '주민'이 '자치 기구'에 참여하여 그 지역의 '공공사무'를 '자치권'을 가지고 자주적으로 처리하는 것을 말합니다. 즉 일정한 지역에 거주하는 지역 주민이 자기 지역의 일을 스스로 결정하고 처리하는 제도이지요. 그렇다고 해서 지역 주민 모두가 매번 직접 나서서 지역의 일을 처리하는 것은 아닙니다. 지역 주민들이 투표를 통해 선출한 지방자치단체의 장과 지방 의회, 즉 '도지사-도의회, 시장-시의회, 구청장-구의회, 군수-군의회' 와 같은 기관이 지역의 일을 대신하여 처리하는 구조입니다.

지방자치의 구성 요소

- 지역: 지방정부(단체장이 소속된 기관)의 자치권이 미치는 지역적 · 공간적 범위
- 주민: 일정한 지역에 거주하여 참정권을 행사하는 인적 구성 요소
- 자치 기구: 집행기관인 자치단체장과 의결기관인 지방의회
- 사무: 일정한 공공 서비스의 업무로서, 일반적으로 헌법상 규정된 주민 복리에 관한 일
- 자치권: 지역의 사무를 자주적으로 처리하기 위한 공적 지배권이자 자주적 통치권

우리나라의 지방자치단체로는 광역자치단체인 특별시 · 광역 시 · 도 · 특별자치시 · 특별자치도와 기초자치단체인 시 · 군 · 구 (자치구)를 들 수 있습니다. 단체마다 중앙정부 대신 그 지역의 살림 살이를 맡아 하는 지방자치단체의 장과 지역 주민 대신 주민의 뜻 을 전하고 지방 행정기관을 감독하는 지방의회가 있습니다. 지방자 치단체의 장은 중앙정부의 행정부와 같은 역할을 하고 지방의회는

우리나라의 지방자치단체

- 광역자치단체: 1개의 특별시, 6개의 광역시, 8개의 도, 1개의 특별자치시, 1개의 특별자치도
- 기초자치단체: 광역 자치 단체의 아래에 있는 시 · 군 · 자치구의 자치단체

국회와 같은 역할을 하는데, 서로 견제와 균형을 이루면서 지역을 발전시켜 나갑니다.

이러한 형태를 보니 앞서 배운 민주주의가 떠오르지 않나요? 자신이 사는 지역의 일에 참여하고, 선거를 통해 대표를 선출하고, 다수에 의한 지배 체계를 구성하여 자신이 사는 지역의 일을 해결해 나가는 것이 그렇지요. 이처럼 지방자치는 지역 주민과 그 대표자들의 토론, 비판, 협조를 통해 공동의 문제를 처리함으로써 민주주의의 훈련장 역할을 하기도 합니다. 지역의 일에 참여하면서 자연스럽게 민주정치를 익히는 것이지요. 그래서 지방자치를 민주주의의 학교이자 훈련 도장이라고도 하는 것입니다.

| 지방자치의 필요성 |

지방자치의 필요성에 대해서는 한 예를 들어 설명해볼게요. A고등학교는 학교 축제를 맞이해 각 학급마다 전시나 체험 부스를 선택해서 운영할 것을 권합니다. 학생 자치회에서는 축제 일정과 대략적인 운영 방식만 안내해주고, 어떤 부스를 운영할 것인지는 각 학급이 자율적으로 결정할 수 있도록 했습니다. 그래서 B반은 '학교 축제, 우리 학급은 어떤 부스를 운영할 것인가?'에 대해 학급회의를 했고, 그 결과 전시 부스를 운영하기로 결정했습니다. 그 이유는 반 친구들 중 그림을 잘 그리는 친구가 많았고, 미술 수업 때 만들어 놓았던 다양한 작품들을 잘 보관하고 있었기 때문입니다. 그리고 체험 부스를 운영하면서 많은 친구와 대화를 하는 것보다는 작품을 감상할 수 있도록 안내하는 것이 더 좋다고 생각했기 때문입니다.

이처럼 지방자치는 지역 주민을 위하여 그 지역의 특성이나 실제 사정에 맞는 지방 행정을 할 수 있다는 데 큰 가치를 두고 있습니다. 그 지역에 대해 누구보다 잘 알고 있는 지역 주민의 의견을 바탕으로 지역 특색에 맞게 정책을 만들고 문제를 해결하는 것이 지방자치의 가치입니다. 만일 우리 지역의 일을 중앙정부나 국회에서 모두 결정한다고 생각해보세요. 이때 정책을 만드는 사람이 우리 지역의 특성이나 사정을 잘 모르면 지역에 맞지 않는 결정을 내릴 수 있고, 그 결정으로 인해 또 다른 문제가 발생할 수 있습니다. 예를 들어 도서관이 없는 지역에 도서를 지원해준다거나, 학생이 줄어드는 지역에 학교를 짓는 실수를 할 수 있지요. 이처럼 지방자치는 우리 지역의 일을 우리 지역 사정에 가장 알맞은 방법으로 관리하고 처리해 나감으로써 지역 주민들의 행복과 이익을 증진시키기 위해 꼭 필요한 것입니다. A고등학교의 사례처럼 학급의 특성을 반영하여 더욱 즐거운 학교 축제를 즐기는 것처럼 말이지요.

또한, 중앙정부와 지방 간의 업무 분담이 능률적으로 이루어질 수 있다는 점에서도 꼭 필요합니다. 국가적이고 전국적인 일은 중앙정부가, 주민 생활과 밀접한 일은 지방정부가 서로 분담하는 것이지요. 그러니까 정책 결정은 중앙정부가, 집행은 지방정부가 함으로써 행정의 효율성을 높일 수 있습니다. 그리고 이러한 구조는 중앙으로 권력이 집중되는 것을 예방할 수 있다는 점에서 중요합니다. 정치 권력이 중앙정부와 국회에만 집중되는 것이 아니라, 지방정부와 지방의회에도 있기 때문에 중앙의 독재 정치에 대한 방파제 역할을 할 수 있는 것이지요. 더하여 중앙정부에서 정국 변동이나 혼란 상황이 벌어지더라도 지방 행정의 안정성이 확보되어 국가적인 혼란으로 번지는 것을 예방할 수 있습니다.

마지막으로, 민주주의가 쑥쑥 자라나는 경험이 될 수 있다는 점에서 꼭 필요합니다. 앞에서 지방자치를 민주주의의 학교라고 표현한 것처럼, 지방자치는 지역 주민이 자신이 사는 지역의 일에 참여하여, 주민들의 삶과 맞닿은 것들을 변화시킬 수 있는 경험을 주기도 합니다. 그런 경험이 쌓이면 정치 참여의 중요성을 알게 되고, 나아가 주인의식을 가질 수 있습니다.

| 주민자치와 단체자치의 차이 |

지방자치는 탄생과 발전에 따라서 크게 두 가지 유형으로 구분할 수 있습니다. 하나는 영국과 미국을 중심으로 발전한 정치적 측면을 중시하는 주민자치이고, 다른 하나는 독일과 프랑스를 중심으로 발전한 법적 측면을 강조하는 단체자치입니다. 이 두 가지 자치 형식은 자치의 주체가 누구인지, 자치의 권리가 어디에서 왔는지에 따라서 구별할 수 있습니다.

주민자치는 영국 각 지방에서 주민이 참여하는 주민 총회를 중심으로 수립된, 전통적인 자치 형태입니다. 이후에도 이러한 전통이 인정되면서 지방자치를 자연적이고 천부적인 권리로 인식하였습니다. 이에 비하여 단체자치는 집권 국가로서의 전통이 강한 독일과 프랑스에서 주민들의 생활과 관련된 문제를 국가로부터 독립적인 인격을 부여받은 지방자치단체가 해결하는 것이 효율적이라는 관점에서 출발한 것으로, 지방자치를 국가에 의하여 부여된 권리로 인식하였습니다.

그래서 국가의 통치 구조가 민주주의에 입각한 지방자치를 기초로 하고 있다고 보는 주민자치는 주민에 의한 자치로서, 주민 참여적인 자치 제도를 추구합니다. 단체자치는 자치 단체가 국가의 하급 일선기관으로서의 성격을 지니고 있다고 보기 때문에 관료적이고 중앙집권적인 성격이 강합니다. 그렇기 때문에 주민자치는 지방자치단체와 주민과의 관계에 중점을 두고, 단체자치는 국가와 지방자치단체의 관계에 초점을 둡니다. 오늘날, 대부분의 국가의 지방자치는 주민자치와 단체자치의 특징들이 혼합되어 있습니다. 우리나라에서는 지방 행정의 제반 과정에 주민 참여가 가능하도록 주민 참여 제도를 운영하는 데, 이것은 주민자치의 특성을 적용한 것이고, 국가의 권한과 사무를 지방자치단체에 배분하는 지방 분권 정책은 단체자치의 특성을 반영한 것입니다.[21]

....
21. 금창호, 《기록으로 보는 지방자치》, 행정자치부 국가기록원, 2015.

| 지방자치단체가 하는 일 |

지방자치단체의 일이란, 지방자치단체가 수행해야 하는 일정한 공공 서비스를 말합니다. 일반적으로 헌법상으로 규정된 주민의 행복과 이익에 관한 일이지요. 쉽게 말하자면 지역 주민의 건강과 복지를 위한 방안으로 노인과 장애인을 위한 시설을 늘리거나 도로 건설이나 지하철 건설 등을 통해 편리한 교통 환경을 만드는 것이지요. 한마디로 우리 지역과 지역 주민을 위한 일을 합니다.

사무는 일의 목적이나 성격에 따라서 고유사무와 위임사무로 구분되며, 위임사무는 또 단체위임사무와 기관위임사무로 구분됩니다. 고유사무란 자치단체의 존립을 목적으로 하는 자치 사무입니다. 지역 주민의 공공복리를 위해 자치 단체가 자신들의 의사와 책임하에 처리하는 일을 말하지요. 고유사무는 자치 사무이기 때문에 지방의회가 관여하고, 비용은 원칙적[22]으로 지방자치단체가 전액 부담합니다. 그러다 보니 국가의 감독은 상대적으로 소극적입니다. 합법성에 관한 교정적 감독 정도만 이루어집니다. 예컨대 학교, 병원, 도서관, 시장, 도로, 교통, 복지시설, 도시계획과 같은 주민의 복지를 위한 일이 고유사무에 해당합니다.

위임사무란 국가 정책의 지역적 구체화를 위하여 국가로부터 위임받은 사무를 말하며 법령에 의하여 누구에게 위임되었는가에 따

....
22. 예외적으로 국가가 시책상 장려하기 위한 장려적 보조금을 지급하기도 한다.

라서 단체위임사무와 기관위임사무로 구분됩니다. 단체위임사무는 법령에 의하여 개별적으로 자치단체장과 지방의회에 공동으로 위임된 사무입니다. 지역적인 이해관계와 국가적인 이해관계가 공존하는 일이지요. 예컨대 재해구호나 생활보호, 보건소(감염병 예방 등), 예방접종, 국도 유지보수 등과 같은 일이 단체위임사무에 해당합니다. 단체위임사무는 지방적 이해관계가 있기 때문에 지방의회가 관여할 수 있고, 비용은 자치단체와 국가가 공동으로 부담하는 것이 원칙입니다. 국가의 감독은 합법성과 합목적성의 교정적 · 사후적 감독에 한정됩니다.

기관위임사무는 법령에 의하여 중앙정부 또는 상급 자치단체로부터 자치단체장에게 위임된 사무를 말합니다. 국가가 지방에 하부 행정기관을 설치하여 직접 처리해야 하는 일을 자치단체장에 위임하여 국가의 하부 행정기관과 동일한 지위에서 처리하도록 하는 일이지요. 예를 들어 여권 발급이나 근로 기준 설정, 의 · 약사 면허, 국회의원 선거와 같은 일입니다.

기관위임사무는 집행기관에 위임된 사무이기 때문에 지방의회는 관여할 수 없고, 비용은 위임기관(국가)이 전액 부담합니다. 그러다 보니 국가가 거의 전면적인 직무 감독을 할 수 있습니다. 합법성뿐만 아니라 합목적성, 예방적 감독도 가능한 것이지요. 이처럼 지방자치단체는 우리 지역의 생존과 자립을 위해, 주민의 삶과 행복, 이익을 위해 다양한 방법과 방식으로 지역의 문제를 해결하고 처리해 나가고 있습니다.

🔊 여기서 잠깐!

우리나라의 지방자치제도는 언제부터 시작되었나요?

우리나라의 지방자치제도는 1949년 〈지방자치법〉이 제정된 뒤, 6 · 25 전쟁이 한창이던 1952년에 서울특별시 및 도 · 시 · 읍 · 면 의회 의원 선거를 실시하면서 처음으로 시행되었습니다. 당시의 선거는 서울시장과 도지사는 대통령이 임명하고, 시 · 읍 · 면장은 주민의 투표로 선출되었습니다.

1960년 4 · 19 이후에 광역기초단체장, 기초단체장, 광역의회, 기초의회를 주민이 직접 뽑게 되었으나 1961년 5 · 16 군사 정변으로 지방의회가 강제로 해산되면서, 우리나라의 지방자치제도는 30여 년 동안이나 중단되었습니다. 그 뒤 우리나라의 현대적이고 실질적인 지방자치가 시작된 것은 1995년 6 · 27선거 이후부터입니다.

선거의 4대 원칙

선거를 통해 뽑힌 대표자는 국민을 대신해 여러 가지 일을 대신합니다. 공정하고 민주적인 선거를 위해서는 '선거의 4대 원칙'이 지켜져야 합니다.

선거의 4대 원칙은 보통선거, 평등선거, 비밀선거, 직접선거를 말합니다. 보통선거는 일정한 나이(만 18세)의 국민이라면 성별, 종교, 나이, 교육 수준, 재산의 소유 정도와 상관없이 선거권을 주는 선거입니다. 지금은 너무나 당연한 것 같지만 예전에는 노동자, 노예, 여성에게 선거권을 주지 않았습니다. 우리나라는 1948년 5·10 총선거 때부터 보통선거를 시작했습니다.

평등선거는 한 사람에게 한 표의 투표권을 주는 선거를 말합니다. 만약 교육 수준이 높고 재산이 많은 사람에게 두 표의 투표권을 준다면 불공평하겠지요. 이렇게 특정한 사람에게 여러 표를 주면, 선거 결과에 그 사람의 많이 의견이 많이 반영되겠지요. 그래서 투표는 모두에게 공평하게 한 표씩 주어지는 것입니다.

비밀선거는 내가 누구에게 투표했는지 다른 사람이 알지 못하도

록 비밀이 보장되는 것을 말합니다. 한번 생각해보세요. 선거에 나온 사람이 도덕적으로 올바르지 못하고 다른 사람을 괴롭히는 사람인데, 유권자에게 자신을 뽑지 않을 경우 가만두지 않을 거라고 했다고 해봅시다. 이때 누가 누구를 뽑았는지 알 수 있다면 유권자는 제대로 투표를 할 수 없을 것입니다. 비밀선거는 유권자가 이와 같은 불이익을 당하지 않도록 보호해주는 것입니다.

직접선거는 선거권을 가진 사람이 직접 투표하는 선거입니다. 예를 들어 가족 중에 아픈 사람이 있거나 급한 일이 있는 사람이 있다고 생각해봅시다. 이때 가족의 투표를 내가 대신할 수 있다면 그 사람의 생각과 의사가 제대로 반영될 수 없을 것입니다. 그러니까 직접선거에서는 다른 사람을 대신해서 투표할 수 없습니다.

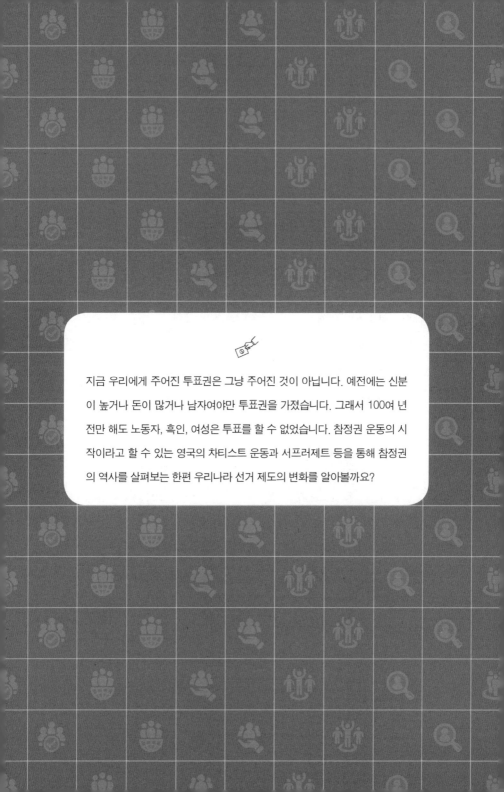

지금 우리에게 주어진 투표권은 그냥 주어진 것이 아닙니다. 예전에는 신분이 높거나 돈이 많거나 남자여야만 투표권을 가졌습니다. 그래서 100여 년 전만 해도 노동자, 흑인, 여성은 투표를 할 수 없었습니다. 참정권 운동의 시작이라고 할 수 있는 영국의 차티스트 운동과 서프러제트 등을 통해 참정권의 역사를 살펴보는 한편 우리나라 선거 제도의 변화를 알아볼까요?

Part 2

민주주의를 꽃피우는 선거 제도

선거는 언제부터 시작되었나요?

| 고대 그리스와 직접 민주주의 |

투표와 선거는 민주주의의 필수 요소라고 할 수 있습니다. 그렇다면 선거는 언제부터 시작된 것일까요? 그 기원은 고대 그리스 아테네라는 도시국가에서 살펴볼 수 있습니다. 고대 그리스에서는 시민들이 아고라(광장)에 모여 함께 정치에 참여했습니다. 이때 시민들은 대표자를 통하지 않고 직접 의사 결정을 했습니다. 이 특징으로 인해 아테네의 민주주의는 '직접 민주주의'라고 불립니다.

그 당시 아테네의 정치 체제는 평의회와 민회로 구성되어 있습니다. 이때 제비뽑기로 500명을 뽑아 평의회를 구성했고, 100명은 민회에서 뽑아 운영되었습니다. 이런 까닭에 이때의 민주주의는 '추첨 민주주의'라고도 부릅니다. 그런데 여기서 한 가지 궁금증이 생

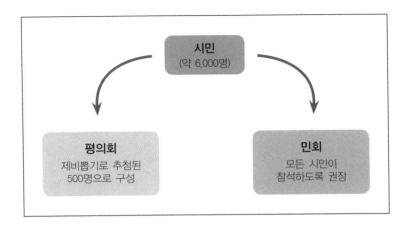

기지 않나요? 왜 현재는 고대 그리스처럼, 시민들이 직접 정치에 참여하지 않는 걸까요?

고대 그리스의 아테네는 도시국가로 불릴 만큼, 현재의 국가에 비해서는 규모가 작은 사회였기에 직접 민주주의가 가능했습니다. 하지만 민주주의는 중세 유럽의 봉건제와 절대왕정을 거치면서 약화되었지요. 그 후로 수많은 세월이 흐르면서 다양한 국가가 등장하였고, 그 사회의 특성에 따라 민주주의의 모습도 다양하게 변화·발전되어 왔습니다.

그 결과 오늘날 보통선거를 통해 국민 모두가 정치에 참여할 수 있게 되었습니다. 하지만 모든 국민이 참여 가능한 직접 민주주의를 할 수 없기에 우리는 우리를 대신할 대표자를 뽑는 것입니다. 그렇다면, 그 변화의 시기 중 의미 있었던 사건을 통해 민주주의와 함께 선거의 모습이 어떻게 변화해왔는지 알아볼까요?

"짐이 곧 국가다."라는 말을 들어본 적 있나요? 이 말은 루이 14세의 유명한 어록 중 하나입니다. 이 말은 강력한 왕권을 상징적으로 드러냅니다. 동시에 국가의 최고 권력자인 왕의 의사대로 국가를 통치했음을 알 수 있습니다. 이때의 시기를 '절대왕정'이라고도 합니다. 절대왕정에서의 국민은 시민이 아닌 '신민'으로서 통치의 대상이었고, 당연히 시민의 대표를 선출한다는 선거의 개념도 들어설 자리가 없었겠지요. 그런데 국가 간 교역이 활발해짐에 따라 상인들이 부를 축적하고 국고에 이바지하면서, 시민의 권리에 대한 의식이 자연스레 싹트게 되었습니다. 또한 인쇄술의 발달로 계몽사상이 전 유럽으로 전파됩니다. 민중의 의식이 성숙하고 사람들이 연대하면서 기존의 왕정, 계급 사회에 대한 반발이 일어나기 시작했지요.

유럽에서는 1600년대에 왕정 체제가 자리 잡아 왕권이 강화되는 한편, '개인'과 '민주주의'에 대한 의식이 떠오르기 시작했습니다. 오버톤이 자신의 논문 〈모든 폭군을 향해 쏘는 화살〉에서 개인의 자유와 권리, 신이 부여한 인권(천부인권)을 주장한 일, 실존주의 철학자 데카르트가 《방법서설》에서 "나는 생각한다. 고로 나는 존재한다."라고 선언한 일 등이 대표적인 예입니다.

이렇게 17세기 전반에 시작된 계몽사상이 유럽에 퍼지면서, 영국에서는 1642~1660년에 '청교도혁명'이 일어납니다. 이는 신흥세력인 상공인, 중소 지주층이 귀족층에 대항하여 일으킨 세계 최초의 시민혁명인데, 훗날 제임스 2세를 몰아내는 '명예혁명'으로 이어지게 됩니다. 명예혁명은 무혈 혁명으로 알려진 바와는 달리 제임스 2세의 딸인 메리와 남편 윌리엄이 런던까지 1만 5천의 병력을 이끌고 진격하여 이룬 혁명입니다. 그들은 자발적으로 시민들의 요구사항인 '권리 장전'을 수용했기에 입헌군주제라는 새로운 정치 체계를 받아들이며 상징적인 왕족의 지위를 유지할 수 있었습니다. 그리고 이때의 모습은 현대 영국 정치 체계의 근간이 되었습니다.

유럽에서 시작된 혁명의 분위기는 청교도혁명 이후 신대륙으로 진출한 식민지 주민들에 의해 일어난, 미국의 독립 혁명으로 이어졌습니다. 새 삶에 대한 희망으로 북아메리카 신대륙을 개척한 식민지 주민들은 영국의 식민정책 및 설탕법·인지세법 등의 부당한 입법에 반발하게 되지요. 당시 영국은 프랑스와의 7년 전쟁(1756~1763년)에서 승리는 했지만 엄청난 재정 악화를 겪고 있었고, 이를 해결하기 위한 방법으로 북아메리카 13개 주 식민지에 과도한 세금을 부과했습니다.

결국 1773년 영국의 지나친 세금 부과에 반발한 북아메리카 식민지 주민들은 인디언으로 위장한 후 보스턴 항구에 머물던 영국의 동인도회사의 배에 실려 있던 차 상자를 바다에 버렸습니다. 이 사건이 바로 보스턴 차 사건입니다. 이후 북아메리카 13개 주의 식민지 대표들은 1774년 필라델피아에서 제1차 '대륙회의'를 열고 영국 의회의 식민지에 대한 입법권을 정면으로 부정하고 통상 중지를 결의했어요.

이후 9년 만에 영국은 13개 주의 독립을 승인하였습니다. 그 후 '민중 주권(민중에게 주권이 있음)'은 현실이 되었고, 식민지 대표들은 자유와 평등을 기본으로 하는 새로운 헌법을 만들었어요. 또한 각 주의 의회는 자치(스스로 통치)하고, 국가의 중대한 문제는 중앙에서 논의하는 연방제의 형태를 명문화했습니다.

유럽에서 미국으로 넘어온 혁명의 분위기는 다시 유럽에 영향을 주게 됩니다. 1789년, 프랑스 시민들은 왕과 귀족, 성직자가 절대 권력을 갖는 체제에 불만을 갖고 혁명을 일으켰습니다. 당시 이들 특권층은 엄청난 부를 누리면서도 세금을 한 푼도 내지 않았거든요. 반면 시민들은 세금을 도맡아 내면서도 정치에는 참여할 수 없었습니다. 이 시기에 미국은 영국으로부터 독립을 선언하는 '미국 독립 선언'을 발표하고, 조지 워싱턴이 지도자(초대 대통령)가 되어 영국과 전쟁을 벌였습니다. 이때 조지 워싱턴은 뛰어난 지도력으로 1781년, 요크타운에서 대승리를 거둡니다.

여기에 자극받은 프랑스 시민들은 잘못된 제도를 없애고 평등한 사회를 만들어야 한다고 생각했습니다. 프랑스 시민들은 많은 정치 범이 갇혀 있는 바스티유 감옥으로 쳐들어갔습니다. 이렇게 시작된 혁명은 1793년 1월 루이 16세를 단두대에 올리는 것으로 막을 내렸습니다. 이 사건을 계기로 수백 년간 프랑스를 지배한 절대왕정이 무너지고, 많은 사람의 의견을 모아 정치를 하는 공화제가 시작되었습니다.

| 선거, 시민의 가장 기본적인 정치 참여 |

앞서 고대 그리스 아테네의 민주주의는 시민이 직접 참여하는 '직접 민주주의'라고 말했습니다. 세월이 흘러 중세·근대 사회를 넘어 현대 사회가 되면서 정치적으로 가장 많이 달라진 점은 무엇일까요? 바로 근대 이후 법과 제도가 현대화되고 '시민사회'가 등장했다는 점입니다. 앞서 이야기했던, 시민적 권리를 지닌 개인의 시대가 된 것이지요. 그러나 시민이 안전과 풍요로운 생활을 보장받기 위해서는 국가와 정부의 역할이 중요합니다. 이와 관련하여 토머스 제퍼슨은 미국의 독립선언문에서 이렇게 밝힌 바 있습니다.

우리는 다음의 사실을 자명한 진리로 확신한다. 모든 사람은 평등하게 태어났고, 누구도 뺏을 수 없는 권리를 조물주로부터 받았으며, 그 권리에는 생명과 자유와 행복을 추구할 권리가 포함된다. 그 권리를 확보하기 위해 인류는 정부를 조직했으며 권력의 정당성은 피통치자의 동의에 연유한다.
어떠한 형태의 정부도 그러한 목적을 파괴할 때에는 정부를 바꾸거나 없애버려 새로운 정부를 수립하되 민중이 자신의 안전과 행복을 가장 잘 이룰 원칙에 입각하여 토대를 마련하고, 그런 형태로 권력을 조직하는 것은 민중의 권리이다.

위에서 알 수 있듯, 개인에게 주어진 천부인권과 평등권을 보장하기 위해서는 국민이 곧 국가의 주인임을 인정하고 정당한 방법으로 국정을 운영하여 민주주의를 실현하는 정부가 수립되어야 합니다. 이를 위해서 국민은 직접 대통령, 국회의원, 광역·기초 자치단체의 장, 지방의회 의원을 뽑는 일에 참여하여 본인들이 원하는 대표자를 선출할 권리를 가져야 합니다. 그리고 국민의 손으로 선출된 대표자는 민주주의의 원리에 근거하여 이에 대한 책임과 의무를 수행해야 하지요.

이렇게 시민들은 '선거'라는 방법을 통해 대표자를 뽑아 정치에 참여하게 되었습니다. 미국의 경우 독립 혁명 이후 곧바로 선거를 시작했습니다. 미국 대통령 선거는 거대한 연방국에 알맞은 방식으로 뿌리내렸지요. 이는 시민들이 대통령을 뽑을 선거인단을 뽑는 '간접선거' 방식입니다. 미국의 대통령제는 대한민국 민주주의의 근간이 되었으나 우리나라의 선거는 시민이 대통령을 직접 뽑는 '직접선거'라는 점에서 미국 대통령 선거와는 차이가 있습니다. 미국의 선거를 시작으로 오랜 시간이 걸리기는 했지만, 미국에 영향을 준 유럽에서도 선거의 문화가 꽃피기 시작했습니다. 처음에는 백인 남성 위주의 제한적인 선거가 시작되지만, 선거권을 쟁취하기 위한 투쟁의 역사가 진행되며 여성을 포함한 일정 나이 이상의 시민이 투표할 수 있는, 보통선거가 자리를 잡았습니다. 지금 우리에게 익숙한 선거는 많은 사람들의 희생과 노력 덕분에 이루어진 것입니다.

┌─ 📢 여기서 잠깐! ─────────

우리가 정치에 참여할 수 있는 방법은 무엇인가요?

우리가 정치에 참여할 수 있는 가장 기본적인 방법은 선거입니다. 그 외에 우리가 정치에 적극적으로 참여할 수 있는 방법으로는 정당에 가입하여 활동하거나, 사회의 공익을 위한 일을 하는 시민 단체에 가입하여 시민운동을 하는 것입니다. 가끔 광화문 광장에 모여 집회나 시위를 하는 단체들이 있는데, 이들은 한곳에 모여 이익집단의 의사를 나타냅니다. 이 외에도 시민은 국가기관에 진정이나 청원을 통해 정치에 참여할 수 있습니다.

요즘은 SNS를 통해서도 정치에 참여할 수 있습니다. 그런데 이때 주의할 점이 있습니다. 합법적인 절차에 따른 정치 참여를 해야 한다는 것이지요. 또한 자신의 가치관과 이해관계가 다른 사람들도 서로 존중하며 해결책을 찾아나가야 한다는 것입니다. 나와 다른 생각을 가졌다고 해서 존중하지 않는다면 그건 민주주의가 아니니까요.

02 투표는 언제부터 할 수 있었나요?

| 투표할 수 있는 권리 |

현재 우리나라에서는 만 18세 이상의 국민에게, 선거권자로서 투표권을 보장합니다. 하지만 이런 투표권은 처음부터 그냥 주어진 것이 아닙니다. 많은 사람이 권리를 달라고 끊임없이 주장해서 얻은 것이지요. 그렇다면 지금처럼 신분이나 성별의 구분 없이 법정 선거 연령 이상의 국민이 투표할 수 있는 법적·사회적 제도는 언제부터 자리 잡게 된 것일까요?

투표권을 얻기 위한 투쟁은 영국에서 시작되었습니다. 제도로서의 민주주의가 가장 먼저 뿌리내린 영국은 1832년에 신분에 관계 없이 국민이 선거에 참여할 수 있도록 선거법을 개정했습니다. 여기서 참정권은 국민이 국정에 직접 또는 간접적으로 참여하는 권리를 말하는데, 영국 참정권의 역사는 크게 '차티스트 운동'과 '서프러제트'[23]로 나눌 수 있습니다.

1838년, 영국의 남성 노동자들이 참정권 운동을 시작했습니다. 이들은 여러 곳을 돌며 집회를 벌였고, 자신들의 권리를 실현하기 위해 서명 운동도 펼쳤습니다. 이를 차티스트 운동이라고 합니다. 1838년, 차티스트 운동을 이끈 윌리엄 러벳은 참정권 운동의 뜻을 집대성한 '인민헌장(People's Charter)'을 발표했습니다.

1) 21세 이상의 남성, 보통선거권 부여   4) 인구 비례에 맞춘 선거구 설정
2) 비밀투표   5) 매년 선거를 실시
3) 의원 출마자의 재산 자격 조건 철폐   6) 의원에 대한 급여의 지급

인민헌장은 현대 선거법의 근간이 됩니다. 선거의 4원칙 중 하나인 '보통선거' 및 '비밀투표'의 개념을 명시하며, 신분, 재산에 관계없이 선거에 출마할 수 있도록 재산 자격 조건을 철폐하고 국정에 참여하는 의원에게 급여를 지급하라는 제안도 담겨 있기 때문입니다. 이는 절대적 평등의 조건에 머물 수 있는 보통선거의 원칙에서 한걸음 더 나아간 것입니다. 국민은 투표할 수 있을 뿐 아니라, 의원이 되어 국정에 직접 참여할 수 있는 실질적 디딤돌을 제공받은 것이니까요. 인민헌장에서는 인구에 비례하여 당선되는 의원수를

---

23. 서프러제트는 참정권을 뜻하는 서프러지(suffrage)에 여성을 뜻하는 접미사 '-ette'를 붙인 말로, 20세기 초 영국에서 일어난 여성 참정권 운동과 운동가들을 가리키는 말이다.

결정하도록 하여 모두의 표가 동등한 가치를 지니는 평등선거의 실현도 제안했습니다.

차티스트 운동은 점점 규모가 커졌습니다. 128만 명이 뜻을 모아 의회에 청원을 제출하였습니다. 이 청원은 기각되지만 노동자들은은 굴복하지 않았습니다. 1842년 4월 12일, 325만 명의 서명을 받아 다시 국민청원을 제출하지요. 안타깝지만 청원은 받아들여지지 않았습니다.

하지만 끊임없는 노력은 결국 변화를 이끌어 냅니다. 약 70년 뒤 1918년에 마침내 선거법이 바뀌어 21세 이상의 모든 남자는 선거에 참여할 수 있게 되었습니다. 차티스트 운동이 있었기에 여성, 흑인, 노예 등 정치로부터 소외된 계층의 참정권 보장을 요구하는 운동이 일어날 수 있었습니다.

| 흑인 참정권의 역사 |

다음으로 흑인 참정권이 확대된 과정을 살펴보겠습니다. 미국의 흑인 참정권을 살펴보아야 하는 이유는, 미국의 탄생 배경과 관련이 깊기 때문입니다. 미국은 태생부터 이민자의 나라입니다. 원주민이 살고 있던 땅에 유럽계 이민자들이 와서 새로운 나라를 만들었으니까요.

이들은 아프리카에서 사람들을 데려와 노예로 부렸고, 이는 법과 정책으로 정당화되었습니다. 이러한 인종 분리와 불합리한 차별이 계속되다가, 미국의 남북 전쟁이 북쪽의 승리로 끝나면서 1865년 미국의 노예 제도는 폐지됩니다. 그러나 노예 제도 문화가 팽배했던 미국 남부에 '짐 크로법'(1876~1965년)이라는 이름으로 인종 분리가 남았습니다. 남부의 모든 공공기관에서 흑인, 백인을 분리했습니다. 그러니까 학교, 공원, 극장, 식당, 버스 등 일상생활에서 흑인과 백인이 분리되어 따로따로 생활했습니다.

이에 대응하여 '흑인 민권운동'이 일어납니다. 흑인 민권운동하면 떠오르는 인물이 있습니다. 바로 아이다 벨 웰스입니다. 그녀는 1884년 5월 5일 테네시주 기차의 1등석 티켓을 끊고 앉았다가 흑인이라는 이유만으로 쫓겨났습니다. 이후 소송을 제기하여 이겼지만, 대법원이 판결을 뒤집어 흑인 민권운동에 뛰어듭니다. 그녀는 1886년, 전미 유색 여성협회를 설립하여 참정권 운동을 시작합니다. 1913년 시카고에서 '알파 참정권 클럽'을 설립하여, 1920년 여성 참정권 실현에 중요한 역할을 하였습니다.

1960년대는 흑인 민권운동의 황금기였습니다. 비폭력 평화 시위를 주장한 마틴 루터 킹 목사와 자기방어를 위한 폭력은 정당하다고 주장한 말콤 X가 있었습니다. 당시 많은 흑인 인권 단체들이 연합하여 흑인들이 평등하게 투표하게 참여할 수 있도록 요구하였습니다. 가장 상징적인 사건은 '셀마 행진'입니다. 1965년 3월 7일, 흑인 시위대가 셀마에서 몽고메리까지 평화롭게 행진합니다. 그러나 경찰은 곤봉과 최루탄으로 무자비하게 흑인 시위대를 진압합니다.

경찰이 휘두른 곤봉에 '어밀리아 보인턴 로빈슨'이라는 중년의 흑인 여성이 쓰러졌고, 그녀의 사진은 미국 전역에 퍼지며 공분을 자아냈습니다.

며칠 후 백인 우월주의 단체의 폭력으로 인권 운동가 제임스 리브가 사망하는 일이 일어납니다. 이를 계기로 린든 존슨 대통령은 병력을 보내 평화시위대를 보호합니다. 이 평화 행진의 결과, 1965년 8월 린든 존슨 대통령은 의회에 투표권법의 초안을 제출하게 됩니다. 이후 의회의 심의·수정을 거쳐 '투표권 보호법'에 서명하는데, 이 법안은 투표 과정에서 인종차별을 금지할 것을 명시하였습니다. 주요 내용은 다음과 같습니다.

> "미국 시민의 인종이나 피부색을 이유로 투표할 수 있는 권리를 거부하거나 축소하기 위해 투표 자격이나 투표, 표준, 관행 또는 절차에 대한 전제 조건은 주 또는 정치 기관에 의해 부과되거나 적용되지 않습니다."

이 법은 흑인뿐 아니라 미국 내 소수 민족의 투표권을 보호하는 근간이 되었습니다. 각 주에서 선거 관련 법·조례를 제정 및 개정할 때는 연방 정부의 사전 승인을 꼭 받아야 하는데, 이 법은 흑인들의 투표권을 박탈하는 정책 혹은 법률을 막을 수 있는 근거로서 사용되어 왔습니다.[24]

....
24. 소수 인종 투표권 보호법 관련 미 대법원 판결(투표권 보호법, Voting Rights Act)

선거 초기에는 여성에게 투표권이 없었습니다. 1893년 9월 19일, 뉴질랜드는 세계 최초로 여성의 투표권을 법적으로 보장하였습니다. 이 권리를 쟁취하기 위해 뉴질랜드 여성들은 오랫동안 노력했습니다. 그 중심에는 케이트 셰퍼드가 이끄는 '기독교여성금주동맹'이 있었습니다. 술 판매 금지 목적으로 만들어졌던 이 단체는 셰퍼드의 주도로 수차례에 걸쳐 여성 투표권을 요구하는 청원서를 의회에 제출했습니다.[25]

1888년 처음으로 여성이 투표할 수 있는 권리를 의회에 정식으로 요구했지만 받아들여지지 않았습니다. 이후 셰퍼드는 계속 청원서를 제출했지만 번번이 거절당했습니다. 하지만 결국 셰퍼드가 이깁니다. 그 당시 유럽인들이 뉴질랜드로 대거 이주하여 여성 인구의 4분의 1에 가까운 수가 유럽 여성으로 채워졌습니다. 이 유럽 여성들이 여권 신장에 큰 역할을 했습니다. 이들은 의회에 서명이 담긴 청원을 제출했고, 의회는 여성의 참정권을 법적으로 보장하게 됩니다.

1893년 '여성의 참정권 탄원서(The 1893 Women's Suffrage Petition)'로 불리는 이 청원서는 당시 뉴질랜드는 물론 전 세계에서 가장 많은 인원이 참여한 청원서로 기록됩니다. 청원서는 '여성이 법적으로

....
25. 김은주, 〈여성 참정권이 걸어온 길〉, 《연합뉴스》, 2017.9.14.

나 사회적으로나 남성과 동등한 권리를 가졌고, 투표권은 남성만의 권리가 아닌 인간의 권리'라는 점을 강조합니다. '여성의 참정권 청원서'는 현재 유네스코 세계기록유산에 등재되었고, 셰퍼드는 여성 참정권 운동의 상징적 인물로서 뉴질랜드의 10달러 지폐 모델이 되었습니다.

| 영국의 참정권 운동 단체, 서프러제트 |

영국은 민주주의가 발달했지만 여성의 참정권을 인정하지 않았습니다. 1903년, 에멀린 팽크허스트는 자신의 세 딸과 함께 여성사회정치연맹을 만들었습니다. 이 단체는 서프러제트라는 명칭을 얻었습니다.[26]

초기에는 평화적 시위를 하던 이 단체는 점점 과격한 시위를 하였습니다. 그러다가 1913년 교사 출신 에밀리 데이비슨이 영국 국왕 조지 5세가 참관하는 경마대회에서, 달려오는 국왕의 말 앞으로 뛰어들었습니다. 결국 에밀리 데이비슨은 크게 다쳐 목숨을 잃었습니다.

이 사건은 여성의 투표권에 대한 많은 관심을 불러일으켰습니다. 왜냐하면 에밀리 데이비슨을 추모하기 위해 많은 사람들이 모여들

---

26. 김성탁, 〈국왕 앞에 몸 던진 여성 참정권 운동, 100년 지나 '미투'로〉, 《중앙일보》, 2018.2.9.

었기 때문이지요. 지금은 여성에게도 투표권이 있지만 당시에는 남성과 여성에 대한 고정관념이 뿌리 깊었고, 여성은 남성과 동등한 정치적 권리를 갖지 못했습니다.

하지만 이 사건을 계기로 여성 참정권 운동은 크게 확대되었고, 그 결과 1918년 드디어 일정 이상의 재산을 소유한 30세 이상 여성의 투표권을 보장하는 '인민 대표법'이 의회를 통과했습니다. 그리고 10년 후인 1928년, '평등선거권법'이 의회를 통과하면서, 21세 이상의 여성은 남성과 동등한 선거권을 갖게 되어 진정한 의미의 보통선거가 자리 잡게 되었습니다.

우리나라의 선거 제도는 어떻게 바뀌었나요?

| 우리나라 선거의 시작 |

우리나라에서는 언제 첫 번째 선거가 치러졌을까요? 일제로부터 독립한 1945년 이후 1948년 5월 10일에 최초의 국회의원 선거를 치렀습니다. 그 당시 만 21세 이상의 모든 남녀 국민에게 선거권이 부여되었는데, 총 선거인 수 784만871명 가운데 총 투표자 수 748만 7649명, 95.5퍼센트가 투표에 참가했습니다. 이렇게 탄생한 국회가 제헌국회입니다.

이날 이루어진 선거는 역사적으로 아주 중요한 의미를 지닙니다. 우리나라 최초의 선거이자 남녀 모두에게 투표권이 주어졌기 때문입니다. 이 선거 이후 우리나라 최초의 대통령을 뽑는 선거가 치러졌습니다. 제헌 국회의원들이 뽑은 사람이 대통령이 되는 간선제 방식의 대통령과 부통령 선거였습니다. 그 결과 1948년 7월 20일의 선거에서 초대 대통령으로 이승만, 부통령으로 이시영이 선출되었습니다.

지역의 일꾼을 뽑는 선거운동은 언제부터 시작되었을까요? 의외로 최초의 선거운동는 비교적 이른 시기에 시작되었어요. 1952년 4월 25일이 그 시작이었지요. 당시의 지방자치법에 따라 일부 직위는 직접선거, 나머지는 간접선거로 선출하였습니다. 시·읍·면 의회 의원이나 도의원은 직접선거로, 각 기관의 장은 의원들의 간접선거로 뽑았습니다. 특별한 경우인 서울특별시장과 도지사는 대통령이 임명하였습니다. 이후 지방자치법이 바뀌면서, 각 기관의 장역시 직접선거로 선출하게 되었습니다.

이처럼 우리나라는 초대 헌법을 기반으로 제헌 국회의 구성원이 될 국회의원 선거를 시작으로, 초대 대통령·부통령을 투표로 선출했습니다. 다음으로 지방자치단체의 장과 지방의회 의원들을 뽑았지요. 이때 외국에 있는 국민도 투표에 참여할 수 있었습니다. 그러나 근현대사의 진행 과정에서 여러 정치적 혼란이 있었고, 현재의 선거 모습은 초기와는 많이 달라졌습니다. 그렇다면 우리나라의 선거 제도는 어떻게 변화해 왔을까요?

| 우리나라 선거 제도의 변화 |

혹시 『제 ○공화국』이라는 명칭을 들어본 적이 있나요? 예전에는

방송국 드라마의 단골 소재로 등장한 것 중 하나가 바로 이 선거와 정치의 역사입니다. 대통령이 바뀔 때마다, 혹은 법이 바뀔 때마다 국민의 투표권과 선거 문화에 큰바람이 불었습니다. 얼마나 바람 잘 날이 없었는지, 이 파란만장한 시기를 그린 드라마를 보면 더 빠져들 수밖에 없습니다.

그렇다면, 초대 대통령 선거 이후 선거 제도는 어떻게 변화했을까요? 1948년의 제헌의회 선거 이후, 안타까운 일이 계속 생겼습니다. 선거가 독재 정권의 수단이 되어 그 본래의 의미를 잃어갔습니다. 이승만 대통령은 1960년 3월 15일에 부정선거를 저질렀습니다. 이에 분노한 국민의 시위와 요구로 결국 대통령직에서 물러났지요.

그런데 민주주의로 가는 길은 쉽지 않았습니다. 독재자가 없어지자, 또 다른 독재자가 나타났습니다. 박정희는 원래 군인이었는데, 무력을 동원한 쿠데타를 일으켜 대통령이 되었습니다. 유신헌법을 만든 그는 통일주체국민회의라는 기관을 세워 국회의원의 3분의 1을 간접선거로 뽑았습니다. 이 회의에서는 대통령도 선출했는데, 자연히 박정희가 대통령이 되었습니다.

독재자로서 오랫동안 통치했던 박정희는 불시에 암살을 당했어요. 독재가 끝나는 듯한 순간이었지요. 그러나 또 다른 독재자가 기회를 틈타 무력으로 제5공화국을 세웠습니다. 그 장본인은 바로 전두환이었습니다. 군인 출신이었던 전두환은 국회 의석을 본인이 속한 민주정의당에 유리하게 배분하였습니다. 그 결과 제11대ㆍ제12대 국회의원 선거에서 민주정의당이 국회 의석수의 과반수를 차지

하면서 전두환은 효율적으로 독재 정치를 펼칠 수 있었지요.

독재의 끝은 어디까지였을까요? 선거에 있어 진정한 민주주의는 언제 실현된 것일까요? 1987년, 드디어 독재에 대한 시민들의 분노가 선거의 민주화를 불러왔습니다.

시민들이 일으킨 혁명의 결과, 대통령 간선제는 국민이 직접 뽑는 직선제로 바뀌었지요. 국회의원 선거 제도도 바뀌어 제13대 국회의원 선거에서 민주정의당은 35.3퍼센트의 득표율로 주도권을 야당에 빼앗겼습니다. 이때 주도권이 야당에 넘어가면서 변화가 시작될 수 있었습니다.

이처럼 우리나라의 선거사는 대통령과 헌법 및 법률의 변화와 밀접한 관계가 있었습니다. 어느 정당이 주도권을 잡는가, 이 정당이 대통령이 속한 여당인가 혹은 야당인가에 따라서도요. 초대 대통령 이후 계속 독재의 수단으로 사용되던 선거 제도가, 시민들의 혁명으로 민주주의의 꽃으로 자리매김하는 데까지는 대략 40년 정도가 걸렸습니다.

이 사례를 통해 알 수 있는 사실은 무엇인가요? 헌법과 법률, 선거 제도 등 민주주의의 중요한 요소들은 국민이 항상 관심을 가지고 지켜야 한다는 사실이에요. 3.15 부정선거 이후의 4·19 혁명, 1980년과 1987년에 일어난 민주화운동은 모두 국민이 독재 정권에 반대하여 민주주의를 위해 투쟁한 중요한 사건들이라는 것입니다. 덕분에 선거 제도는 올바른 방향으로 자리를 잡을 수 있게 되었습니다.

| 특수한 경우에 치러지는 재·보궐 선거 |

재선거와 보궐 선거는 특수한 경우에 다시 열린다는 점에서 비슷합니다. 대통령 선거, 국회의원, 지방자치단체의 장·지방의회 의원 등의 자리가 비었을 때 실시하지만 조금 차이가 있습니다. 최초의 보궐 선거는 초대 대통령 이승만이 국회의원 당선 후 대통령이 되자, 빈 의원 자리를 메우려고 실시했습니다.

외국에 거주하는 대한민국의 국민은 어떻게 투표할까요? 재외 선거라는 제도가 있어요. 1967년에 최초로 시작되어 두 번의 대통령 선거, 두 번의 국회의원 선거에서 실시되었어요. 그러나 1972년 통일주체국민회의법이 만들어져 한동안 재외 국민은 투표를 할 수 없었지요. 이러한 상황에 대하여 어떤 생각이 드나요? 맞아요. 투표는 국민의 권리이자 의무입니다. 그런데 외국에 있다는 이유로 하지 못하게 되면, 이는 헌법 정신에 어긋나는 것이지요. 결국 2007년 헌법재판소는 이 법에 위헌 판정을 내렸어요. 이후 2009년에 〈공직선거법〉이 개정되면서 2012년부터 타국에 있는 우리나라 국민도 선거에 참여할 수 있게 되었습니다.

04 우리나라가 채택한 선거의 형태는 무엇인가요?

| 우리나라 선거의 종류 |

대한민국은 몇십 년 동안 만 19세가 되어야만 선거에 참여할 수 있었습니다. 그러나 선거 연령 하향화를 주장하는 목소리가 사회적으로 인정받기 시작하며, 2019년 드디어 만 18세 이상의 대한민국 국민이라면 누구나 선거에 참여할 수 있는 법안이 통과되었습니다. 그렇다면 2020년 4월 15일, 제21대 국회의원 선거를 시작으로 우리 청소년들이 참여할 수 있는 선거는 또 어떤 선거가 있을까요?

현재 우리나라에서는 〈공직선거법〉에 따라 대통령 선거, 국회의원 선거(지역구, 비례대표), 지방자치단체의 장 선거(광역단체장, 기초단체장), 지방의회 의원 선거(광역의회, 기초의회) 등이 있습니다.

국회의원 선거와 지방의회 의원 선거는 지역구·비례대표 선거, 두 가지로 구분됩니다. 지방자치단체의 장도 광역단체장(광역시·도)과 기초단체장(구·시·군), 두 종류가 있어, 각각의 단체장 선거와 지방의회 선거가 치러집니다. 지방선거 때 교육감 선거도 같이 실시되지만 이는 〈공직선거법〉에서 규정한 선거가 아니라 지방 교육 자치에 관한 법률에 따른 선거입니다.[27] 지금부터 찬찬히 선거에 대해 알아볼까요?

| 대통령 선거 |

여러분도 잘 알고 있듯이, 우리나라는 대통령을 국민이 직접 뽑고 있습니다. 앞에서 우리나라의 선거사를 통해 대통령 직선제에 정착하는 과정이 독재에 대항하는 시민들의 강력한 연대였다는 것을 알 수 있었지요. 이렇게 정착된 우리나라 고유의 대통령 선거인 직접 선거 방식에 대해 좀 더 구체적으로 알아볼게요.

현행 헌법상 대통령의 임기는 5년 단임제입니다. 대통령이 되면 5년간 임무를 수행하고, 5년이 지나면 연장하거나 연임(바로 이어서 하는 것)·중임(다시 하는 것) 없이 대통령으로서의 임기를 완전히 끝마치는 것을 말합니다. 대통령 선거는 5년에 한 번 실시되겠지요? 대통령에 당선되려면 후보자는 전 국민이 실시한 투표에서 최다 득

....
27. 김현성, 《선거로 읽는 한국 정치사》, 웅진지식하우스, 2021.

표자가 되어야 합니다. 우리나라는 선거구 내에서 많은 표를 얻은 사람이 대표자로 선출되는 상대다수대표제를 시행하고 있습니다.

| 국회의원 선거 |

법률을 제정, 대통령의 정무 수행을 감시·견제하며 예산을 심의· 의결하는 국회는 어떻게 구성되는지 살펴볼까요?

국회의원 선거는 4년에 한 번 실시됩니다. 국회의원의 임기가 4 년임을 알 수 있지요. 대통령과 다르게 국회의원은 횟수 제한 없이 선거에 출마하여 당선될 수 있습니다. 이러한 국회의원 선거의 속 성을 4년 중임제라고 합니다. 국회의원은 크게 두 가지 방식으로 선출됩니다. 지역구 선거와 정당명부식 비례대표 선거입니다.

우리나라는 한 선거구에서 한 명의 대표자를 선출하는 소선거구 제입니다. 쉽게 말해, 지역구 선거는 지역당 한 명의 국회의원을 선 출하는 것을 말합니다. 두 번째 방식인 비례대표 선거는 선거의 역 사에서 논란의 중심에 서기도 했습니다. 비례대표 선거를 악용하여 독재의 수단으로 삼은 독재자가 있었기 때문이지요. 하지만 헌법에 맞게 선거법을 여러 번 개정한 결과 현재의 비례대표 선거가 자리 잡게 되었습니다. 현재 비례대표제는 각 정당이 획득한 득표율에 비례하여 당선자를 배분하고 있습니다. 그래서 소수 정당에도 득표 에 따른 의석을 부여하기 때문에 사표를 줄이고 능력 있는 인재와 국소 정당의 의원을 국회로 보낼 수 있다는 장점이 있습니다.

| 지방자치단체의 장 선거 |

지방자치단체의 장 선거는 지방 자치의 각종 사무를 처리하고 지방 의회의 의결사항을 집행하는 기관인 지방자치단체의 장을 뽑는 선거입니다. 서울특별시장, 광역시장, 특별자치시장, 도지사, 시장, 군수, 구청장 등이 이에 해당합니다. 임기는 4년이며, 재임은 3번까지 할 수 있습니다. 선거는 유효투표의 다수를 얻은 후보자가 당선됩니다. 투표권은 해당 지방자치단체의 구역 안에 주소를 가진 만 18세 이상의 주민에게 주어집니다. 선거에서는 유효투표의 다수를 얻은 후보자가 당선자로 결정됩니다. 이때 최고 득표자가 2인 이상인 경우에는 연장자를 당선자로 결정하고, 투표 마감 시각 전까지 후보자가 1인이 될 경우 그 후보자를 당선자로 결정합니다.

| 지방선거 |

우리 지역의 일을 잘 수행하려면 지역에 대해 잘 알고, 지역의 문제를 해결하고자 하는 의지가 있는 인물을 뽑아야겠지요? 이처럼 선거가 민주주의의 꽃이라면 지방선거는 지방자치의 꽃이라고 할 수 있습니다. 지방선거는 1952년부터 시행되었지만, 1995년 이후 본격적으로 시행되면서 지방선거의 가치는 더욱 빛을 발하고 있지요. 지방선거를 통해 전국의 특별·광역·일반 시·도의 지방자치단체의 장과 의원들을 선출하고 있습니다. 더 작은 단위의 시·군·구 기초의회의 의원들도 포함돼요. 평소 지역의 문제에 관심을 가지고 현재 지방자치단체의 장이나 의원들의 활동을 잘 살펴볼 필요가 있습니다. 추후 선거에서 이를 반영하여 지역을 잘 이끌어갈 지방의회와 단체장을 선출하는 것이 우리의 권리이자 의무이기 때문입니다.

| 재·보궐 선거 |

재선거와 보궐 선거는 앞서 언급한 대통령, 국회의원, 지방자치단체의 장과 지방의회 의원의 자리가 비게 되었을 때, 이를 다시 뽑기 위해 실시하는 선거입니다. 다시 뽑는다는 점에서는 같지만, 두 선거에는 차이점이 있습니다. 보궐 선거는 임기를 수행하던 국회의원이 갑작스럽게 죽거나 사퇴하였을 때 새로운 사람을 뽑는 것입니다. 한편 재선거는, 선거 과정 자체에 문제가 있었거나 당선자가 없는 경우에 다시 치르는 선거입니다. 쉽게 말해, 임기를 정상적으로 수행하던 자에게 문제가 생기느냐, 아니면 선거 과정 중 문제가 생기느냐의 차이예요.

재선거와 관련하여 생각해 볼 만한 개념은 공정 선거입니다. 부정선거를 저질러 혁명이 일어났던 역사적 사례를 기억하고 있지요? 현재는 국가기관인 선거관리위원회를 두어 부정한 선거를 예방하고, 선거의 전 과정이 법률에 따라 공정하게 실시될 수 있도록 감시하고 있습니다.

보궐 선거의 경우 갑작스러운 죽음, 사퇴로 인한 공석을 예상할 수 있지만, 바로 실시하지는 않습니다. 재선거와 보궐 선거 모두 충분한 준비 기간을 거쳐 4월과 10월, 두 번에 걸쳐 실시합니다.

05 선거구란 무엇인가요?

| 우리나라 선거구제 |

선거구란 한 명 또는 여러 명의 대표를 선출하는 선거 대상 지역을 구분한 것을 말합니다. 일반적으로는 행정 구역을 기준으로 분리하지요. 선거구제는 국회의원 선거와 지방자치단체의 장을 뽑는 선거에 적용되기 때문에 매우 중요합니다. 참고로 우리나라의 국회의원 300명 중 지역구 의원은 253명, 비례대표 의원은 47명입니다. 선거구의 종류는 한 선거구에서 선출하는 의원의 수에 따라 소선거구제와 중·대 선거구제로 나눌 수 있습니다.

우리나라는 어떤 선거구제를 채택하였을까요? 맞아요. 바로 소선거구제입니다. 이는 하나의 지역 안에서 지역구 의원 한 명을 선출하는 방식으로 영국, 프랑스, 미국, 일본 역시 소선거구제를 채택하고 있습니다. 이와 달리, 중 · 대선거구제는 하나의 선거구에서 여러 명의 의원을 선출하는 방식입니다. 중선거구제에서는 2~4명, 대선거구제에서는 5명의 의원을 선출합니다. 예를 들어, 이스라엘은 전국이 하나의 선거구여서 여러 명의 의원을 선출합니다.

| 선거구제의 특징과 장단점 |

일단 우리나라가 채택한 소선거구제는 다수당에 유리하여 양당제를 정착시킬 확률이 높습니다. 한 지역에 한 명이 당선되어야 한다면, 그 지역 사람들은 자신이 잘 아는 지역 출신의 유력자를 뽑을 거예요. 전국적으로 의석수를 많이 차지하고 있는 다수당은 전략적으로 지역구 후보를 선거에 출마시키고, 결국 그 정당에 대한 실제 지지율보다 높은 의석 점유율을 차지하게 됩니다. 물론 다른 후보를 뽑은 유권자들도 있겠지요? 그 표들은 사표가 되어 버려요. 무소속이나 소수당에 조금 불리한 구조라고 할 수 있겠지요. 이러한 소선거구제의 단점을 보완하기 위하여 우리나라는 비례대표제를 병행하고 있습니다.

소선거구제의 장점은 선거구가 작다 보니 선거 비용이 적게 들고 선거를 관리하기도 쉬워요. 또한 내가 아는 후보가 나올 확률이 높고 한 명만 당선되니 사람들이 정치에 좀 더 관심을 두게 되어요. 덕분에 한 명이 연임하는 경우가 많아 3선, 4선, 5선 국회의원들을 심심치 않게 볼 수 있어요.

다음으로 중·대 선거구제는 다른 말로 '소수대표제'라고도 하는데 이는 '소수도 대표성을 가진다'라는 뜻입니다. 특징을 살펴보면, 다수 당이 한 선거구제 내에서 여러 명의 후보를 공천하지요. 이는 한 명만 공천하면 그 정당에 대한 실제 지지율보다 득표율, 의석 점유율이 실제적으로는 떨어지게 되기 때문이에요. 다른 말로, 한 선거구에서 여러 명이 뽑힌다면 소수당이나 무소속 후보들에게도 기회가 온다는 것이지요. 선거구의 범위가 넓어서, 한 지역에서 유명한 인물보다는 전국적으로 잘 알려진 인물이 당선될 확률이 높습니다.

중·대 선거구제에도 단점은 있어요. 후보가 많이 나오기 때문에 선거 관리가 어렵다는 점이지요. 이에 필요한 비용도 만만치 않습니다. 유권자들로서는 후보가 많아 후보에 대해 잘 모르기도 하니 선거에 관한 관심이 상대적으로 떨어지기도 한답니다. 장점이라면 사표가 줄어들어 국민의 의사가 골고루 반영된다는 점이겠지요. 유권자들의 한 표, 한 표가 중요하니, 이 점은 굉장히 좋은 점이라 할 수 있습니다.

| 비례대표제는 소선거구제의 짝꿍 |

소선거구제에 관하여 이야기할 때 비례대표제가 잠깐 나왔었는데, 이 둘은 떼려야 뗄 수 없는 짝꿍이에요. 비례대표제란 정당의 득표

율에 비례하여 당선자의 수를 결정하는 선거 제도이거든요. 이는 소선거구제의 단점을 보완하여 각 정당을 지지하는 유권자의 비율이 의회를 구성할 때 반영될 수 있도록 만든 제도지요. 한편 우리나라의 소선거구제는 다수대표제를 적용합니다. 다수대표제는 절대다수대표제와 상대다수대표제로 나누어집니다.

절대다수대표제란 전체 유효표에서 과반수의 표를 얻을 때 당선인을 특정하는 방식이에요. 즉, 후보 중 상대적으로 가장 많은 표를 얻었어도, 과반수의 표를 얻지 못했다면 당선될 수 없다는 뜻이지요. 이때는 어떻게 할까요? 맞아요. 결선 투표를 실시하게 돼요. 후보 중 최다 득표자와 그다음 득표자 두 명을 대상으로 결선 투표를 해서 결국 전체 유효표의 과반수를 얻는 후보가 당선인이 됩니다. 이와 달리 상대다수대표제는 과반수와는 관계없이 후보 중 최다 득표자가 당선되는 방식입니다. 우리나라에서는 대통령 선거나 국회의원 선거 등에서 상대다수대표제를 채택하고 있습니다.

| 연동형 및 준연동형 비례대표제 |

2019년 12월 27일, 선거법 개정안에는 선거 연령 하향뿐 아니라, 또하나의 중요한 사안이 들어 있습니다. 바로 '준연동형 비례대표제'예요. 이는 국회에서 신속 처리안건으로 지정된 지 8개월 만에 국회 본회의를 통과했습니다. 이 제도는 거대 양당이 주도해왔던 우리나

라의 정치 구조를 크게 바꿀 것이라는 기대와 함께 시작되었어요.

　우선 연동형 비례대표제란 정당의 득표율에 '연동해' 의석을 배분하는 제도입니다. 현재 투표 제도 아래에서는 지역구 후보 1명, 지지하는 정당 1곳에 표를 던집니다. 국민이 후보 개인에게 주는 표로 지역구 의원을, 지지하는 정당에 주는 표로 비례대표 의원을 뽑지요. 아직까지 우리나라는 연동형 비례대표제를 적용한 바 없습니다. 가령 선거 전 총 300석 중 비례대표의 의석을 47석으로 정하고 투표를 실시한 뒤 정당 득표율에 따라 47석을 나눠 갖는 구조였습니다.

비례대표제(기존)

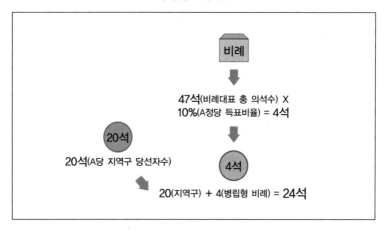

　연동형 비례대표제를 적용해도 지역구 후보 1명, 지지하는 정당 1곳에 표를 던지는 방식은 같습니다. 다만 의석을 나눠 갖는 방식이 다릅니다. 선거에서 A당의 정당득표율이 10퍼센트라고 가정하겠습니다. 이 경우 A당은 국회 의석 300석 중 10퍼센트에 해당하는 30석을 차지할 수 있습니다. 정당득표율 10퍼센트에 '연동해' 의석을 갖는 것이지요. 그런데 A당은 정당득표율 10퍼센트뿐만 아니라, 지역구 후보 20명 당선이라는 결과표를 얻었습니다. 이럴 때는 30석 중 나머지 10석이 비례대표 후보에게 돌아갑니다. 이것이 연동형 비례대표제의 의석 배분 방식입니다.

연동형 비례대표제에서는 정당 득표율로 얻을 수 있는 의석수보다 지역구 당선자가 더 많이 나올 수 있습니다. 즉 A당의 정당 득표율은 10퍼센트인데, 지역구 당선자가 50명이 나오는 상황이 벌어질 수 있다는 뜻입니다. 이 경우 총 국회 의석수가 조정될 수 있습니다. 제21대 국회의원 선거에서 처음으로 연동형 비례대표제가 시행될 뻔했습니다. 하지만 여당과 야당의 의견이 엇갈려 준연동형 비례대표제로 시행되었습니다. 준연동형 비례대표제는 연동형 비례대표제와 다소 차이가 있습니다.

제21대 국회의원 선거에서는 기존 방식대로 지역구 253석, 비례대표 47석으로 정하고 선거를 실시했는데요. 비례대표 47석 중 30석은 연동형 비례대표제로, 17석은 예전처럼 정당 득표율대로 의석을 나누었습니다. 단, 30석에는 50퍼센트의 연동률을 적용했습니다. 50퍼센트의 연동률을 적용한 것을 '연동형 캡(cap)'을 씌웠다고 표현합니다.

다시 A당의 정당득표율이 10퍼센트, 지역구 당선자가 20명이라고 가정하겠습니다. 이때 연동률이 100퍼센트라면 A당은 10명의 비례대표 당선자를 내서 30석을 차지할 수 있습니다. 그런데 연동률이

준연동형 비례대표제

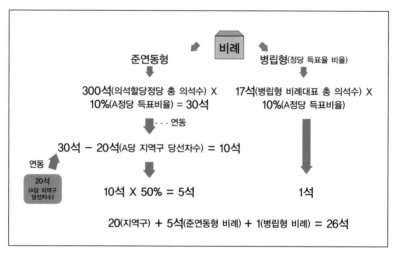

50퍼센트라면, 즉 연동형 캡을 씌우면 10명의 절반인 5명만 비례대표 당선자가 되어, A당은 25석의 의석을 갖게 됩니다. 지역구 당선자 20명, 비례대표 당선자 5명을 더해서요. 여기에 17석은 정당 비율로 의석수를 얻어 1석을 더 얻습니다. 그래서 총 26석을 갖게 됩니다. 이것이 준연동형 비례대표제의 핵심입니다.

그런데, 준연동형 비례대표제로 인해 작은 정당들이 너무 많아져 정국이 불안정해질 수도 있다는 생각이 들지 않나요? 이를 방지하기 위한 봉쇄조항이 있습니다. 전국 득표율 3퍼센트를 넘기지 못한 정당은 원내(국회)에 진입하지 못한다는 조항이에요.

독일에서는 거대 양당인 기독민주연합(CDU)과 사회민주당(SPD)이 정국을 주도하지만, 연동형 비례대표제를 함께 적용합니다. 다양성을 수용한 좋은 사례인데요. 비례성과 정치적 대표성이 나란히 향상되었다고 볼 수 있지요. 반면 우리나라에서는 제21대 국회의원 선거 이후 많은 문제점이 발생하여, 준연동형 비례대표제가 다시 논란의 중심에 서게 되었어요.

제21대 국회의원 선거 이후 준연동형 비례대표제는 지역구 의석수(253석)와 비례 의석수(47석) 사이의 의석 불균형과 50퍼센트의 연동률과 연동형 캡(30석)에서 여전히 득표-의석이 일치하지 않는 문제를 드러냈어요. 거대 야당이 위성정당을 만들어 비례 의석수를 확보하려 하여 이 제도의 개정 취지와 민주적 정당성에 금이 가는 일도 발생했지요.

준연동형 비례대표제는 지역구 의석수와 비례 의석수 사이의 균형을 맞춰야 한다는 필요성에 직면했습니다. 비례 의석수 확보를 위한 위성정당의 등장을 막을 수 있는 제도적인 보완책도 필요해졌고요. 캡(30석)이 적용되는 준연동형이 아닌 완전한 연동형 비례대표제로 바뀌어야 한다는 주장도 있고, 거대 여당의 주도가 아니라 국민이 참여하여 선거 제도를 개혁해야 한다는 주장도 있습니다. 이렇게 논란의 중심에 선 준연동형 비례대표제가 향후 어떤 변화를 맞이하게 될지는 곧 유권자로서 권리를 행사하게 될 여러분에게 달려 있습니다. 관심을 가지고 지켜보고 필요할 때는 적극적으로 의견을 제시해야 할 부분이지요.

06 정당정치로 가려면
어떻게 해야 하나요?

| 우리나라의 정당 |

정당제는 크게 일당제와 복수 정당제로 나누어 볼 수 있는데, 현대 민주주의 제도에서는 대부분 복수 정당제를 채택합니다. 복수 정당 제는 다시 양당제와 다당제로 나눌 수 있는데, 우리나라처럼 대통 령제를 채택한 나라에서는 주로 여당과 야당이 정국을 주도하는 양 당제가 발달합니다. 반면 유럽의 경우, 3개 이상의 정당이 정국을 주도하는 다당제가 발달했습니다. 유럽에서 많이 볼 수 있는 정치 형태는 '의원내각제'인데, 수상과 내각의 관계나 관련된 정당이 정 국에 참여하는 모습이 다양하지요.

우리나라의 경우 정부 수립 이후 독재와 개헌, 민주화의 과정을 거치며 정당정치가 발전한 만큼 지역주의, 여당과 야당의 대립이라는 문제점이 항상 있었어요. 대의 민주주의에서 국회와 정당은 깊은 관련이 있습니다. 국회를 구성하는 국회의원들을 배출하는 곳이 정당이기에, 국회의 모습은 정당정치의 모습을 그대로 드러내지요. 국회의원을 배출한 정당을 '원내정당'이라 부르고, 의원 20명 이상을 가진 정당은 '교섭단체'라 불러요. 이 단체는 국회가 어떤 일을 할 때, 그 방법에 대해 모여서 함께 이야기할 수 있는 권한이 있습니다.

| 정당을 바라보는 바른 시각 |

정당의 목적은 정당의 역사, 정책 노선 등에 따라 약간의 차이를 보입니다. 정당은 '권력을 차지하기 위해 생각이 같은 사람들이 모여 만든 단체'라고 할 수 있지요. 권력 쟁취는 이미 집권하고 있는 여당 혹은 거대 야당의 최대 목적이라고 할 수 있습니다.

반면 녹색당, 정의당처럼 '집권'과는 거리가 있는 당은 현재 정국에서의 영향력을 크게 하려는 목적을 최우선으로 삼기도 합니다. 이 차이는 정당 내 분위기가 얼마나 민주적인지, 추구하는 정책 노선과 국민을 상대로 어떠한 이미지를 주고자 하는지에도 영향을 주게 되지요. 그러나 의회 민주주의와 정당정치에 있어 가장 중요한 것은, 국민의 이익을 위한 좋은 정책을 만들고 추진하는 정당이 국민의 지지를 받아야 한다는 점입니다. 민주화가 됨에 따라 국민의 정치의식이 높아지고 정당의 활동을 제대로 평가하게 되면서 4년에 한 번 치러지는 국회의원 선거에서 민심이 그대로 반영되고 있어요.

우리나라의 정당정치는 여당과 거대 야당의 갈등, 대중영합주의(포퓰리즘) 등으로 아직 미성숙하다는 평가를 받고 있어, 앞으로 나아가야 할 길이 분명해 보입니다. 성숙한 정당정치를 위해서 국민이 참여하여 정당의 활동을 제대로 평가하는 것이 중요합니다. 정당 내부는 얼마나 민주적인지, 정당의 정치적 관점과 이에 따른 정책이 일관되게 추진되고 있는지, 의회 민주주의의 취지에 맞게 입법 및 정책 추진 과정에서 국민의 이익을 위해 노력하고 있는지 등을 잘 살펴봐야 하겠지요.

또한 정당은 일관된 '정책' 중심의 활동을 펼쳐야 합니다. 정치 선진국이라 불리는 유럽 여러 국가의 사례를 살펴보면, 선진 정당들은 국민을 위하는 일관된 정책을 펼치며, 정국 운영을 위해 타 정당과도 조화롭게 연대하고 있음을 알 수 있습니다.

| '누더기'가 된 연동형 비례대표제 |

앞서 선거법 개정 이후 제21대 국회의원 선거에서 적용된 준연동형 비례대표제에 대해 알아보았지요? 연동형 비례대표제는 유럽의 여러 정치 선진국에서 앞서 시행한 제도로, 지역구 득표율과 비례대표 의석수를 연동해 각 정당의 최종 국회 의석수를 결정하는 제도입니

다. 본래 지역구에서 사표를 줄이고, 국소 정당이 원내 진출을 할 수 있도록 하는 순기능을 위해 시행되었고요. 그러나 제21대 국회의원 선거의 결과는 참담했습니다. 제1야당과 여당이 차례로 비례대표 의석을 차지하기 위한 위성정당을 만들었고, 그 결과 국회는 더 견고한 거대 양당 구조가 되었습니다. 이는 다당제의 취지를 살리려는 준연동형 비례대표제의 도입 취지와는 상반되는 결과이지요.

| '위성정당'이 한국 정치에 미친 영향 |

위와 같이 위성정당이 만들어지면서 준연동형 비례대표제는 직격타를 맞았습니다. 위성정당은 어떠한 문제를 초래하였을까요? 가장 먼저, 헌법과 정당 민주주의의 근본이 흔들리게 되었어요. 헌법 제8조 2항에는 "정당은 그 목적·조직과 활동이 민주적이어야 하며, 국민의 정치적 의사 형성에 참여하는 데 필요한 조직을 가져야 한다."라고 되어 있지요. 그런데, 위성정당은 창당의 목적 자체가 거대 정당의 비례대표 의석수를 늘리기 위해서였으니, 헌법 정신에 부합하지 않아요. 이에 분노한 여러 단체가 선거관리위원회에 위성정당의 위헌성을 주장하였으나, 선거관리위원회는 이를 기각하였어요.

다음으로 위성정당은 연동형 비례대표제의 취지를 훼손시켰어요. 거대 양당인 여당과 제1야당이 실제 정당 득표율보다 비례대표 의석수를 많이 가져가서, 상대적으로 원내 국소 정당들이 비례대표 의석수를 적게 가져갔지요. 이는 정당 체계의 안정성이 깨지는 결과를 초래했어요. 우리나라의 정당 체계는 본래 불안정하고 때에 따라 이합집산하는 성격을 지니고 있어요. 선거를 통해 더 많은 의석을 얻고, 정국을 주도하기 위해 정당을 통폐합하고, 새로 만드는 역사를 되풀이해왔지요. 이는 정당이 국민을 위한 정책을 일관되게 추진하기 어렵게 해요. 아울러 정치를 전반적으로 불안정하게 되고 정당의 책임정치를 어렵게 하는 요인이 되지요.

| 앞으로의 정당정치 과제 |

최근 거대 여당의 원내대표가 지난 총선 당시에 위성정당을 창당한 것에 대해 특정 국소 정당에 공식적으로 사과를 했습니다.[28] 또한 "연동형 비례대표제에 대한 개혁이 필요하다."라고 인정했습니다. 연동형 비례대표제를 개혁해야 할 필요성에 대해 정치인들이 공감한 사건이라 할 수 있지요.

한편, 위성정당의 문제점에 공감하여 거대 여당과 한 국소 정당의 대표가 〈공직선거법〉과 〈정당법〉을 개정하기로 합의했습니다.[29] 아직 합의 상태이지만, 정치인들이 정당 체계와 선거의 역할

....

28. 조민교, 〈윤호중, 정의당에 위성정당 공식 사과 "연동형 비례대표제 개혁 필요"〉, 《매일일보》, 2021.4.23.
29. 정치개혁공동행동 논평, 〈선거법 개정 논의, 거대 양당의 위성정당 설립 사과에서 시작돼야〉, 참여연대, 2021.

을 뒤흔드는 연동형 비례대표제의 결점을 보완해야 할 필요성에 대해 공감하였다는 자체는 매우 좋은 신호라고 할 수 있겠지요? 이제 선거에 참여하게 될 우리는 무엇을 해야 할까요? 맞아요. 정치인들이 서로 공감하고 합의한 바를 잘 실행하는지 지켜봐야 합니다. 만약 그들이 제대로 실행한다면, 책임 정당정치를 실현하는 것이죠. 한편, 선거관리위원회에서 기각한 위성정당의 위헌성과 폐지 주장에 적극적으로 힘을 보태야 해요. 이미 시민 단체 등이 활발히 목소리를 내고 있으니, 우리도 시민으로서 내가 할 수 있는 일을 찾아보고, 나에게 가장 알맞은 방법으로 참여하는 것이 중요합니다.

07

선거관리위원회는 무슨 일을 하나요?

| 공정 선거를 위한 국가기관, 선거관리위원회 |

선거관리위원회에 대하여 들어본 적이 있나요? 선거관리위원회는 국민투표의 공정한 관리, 정당 및 정치자금에 관한 사무를 위하여 설치된 국가기관으로 국회·정부·법원·헌법재판소와 같은 지위를 갖는 독립된 합의체 헌법기관입니다. 이때 '독립된'은 정말 중요한 의미를 갖는데요. 역사적으로 선거관리위원회가 탄생하게 된 배경과도 밀접한 관련이 있습니다.

1948년 제헌 국회 당시 대통령 선거를 거치며 공정한 선거에 대한 필요성이 대두되었어요. 이승만 대통령의 야욕으로 초대 국회의 의원 내각제를 거스른 개헌, 부정선거를 통한 권력의 독점은 잘 알려진 역사이지요. 1960년 4·19 혁명 덕에 이승만 대통령이 하야한 후

1963년 1월 21일 중앙선거관리위원회가 창설되었습니다. 오늘날 선거관리위원회는 크게 중앙선거관리위원회, 시·도 선거관리위원회, 구·시·군 선거관리위원회, 읍·면·동 선거관리위원회 등 4단계로 구성되어 있습니다.

｜ 선거관리위원회가 하는 일 ｜

선거관리위원회의 임무와 목적은 무엇일까요? 선거관리위원회는 세 가지 목표와 중점 과제의 실현을 통해 '좋은 정치를 지향하고, 국민과 함께하며, 미래를 열어간다'라는 비전을 추구하고 있어요.

선거관리위원회가 하는 일은 다양합니다. 각종 선거관리, 정당

목표 1: 신뢰받는 공정 선거 실현
(중점 과제: 유권자 중심의 선거 관리 강화, 자유롭고 정의로운 공정 선거 구현, 수요자 맞춤형 선거 지원 확대)

목표 2: 아름다운 선거 문화 확산
(중점 과제: 참여와 소통의 선거 기반 조성, 국민과 함께하는 민주시민교육 활성화, 신뢰받는 정치문화 확산)

목표 3: 미래지향적 역량 강화
(중점 과제: 미래를 대비하는 조직역량 강화, 변화에 대응하는 정보관리체제 구축, 세계 민주주의 확산을 위한 국제협력 증진)

사무관리, 정치자금 사무관리, 민주시민교육, 선거·정치 제도 관련 일이지요. 학교 자치 시대를 맞아, 학교 내에서 학생 자치 역시 활발히 일어나고 있는데요. 학생 자치회 선거를 시행할 때 학교의 선거관리위원회는 공정선거를 위해 관리·감독하는 일을 하지요. 중앙선거관리위원회를 비롯한 각급의 선거관리위원회도 국가의 공직선거를 관리하는 일을 하겠지요? 선거관리위원회는 크게 여섯 가지 일을 중점적으로 수행합니다.

첫째, 대통령·국회의원·지방자치단체의 장, 지방의회 의원 등의 공직선거를 관리합니다. 예비후보자 등록에서 당선인 결정까지의 절차적인 일뿐만 아니라 선거법 위반 행위 예방, 선거비용 관리, 국민투표 관리 등 선거의 전반에 관여하지요.

두 번째, 정당 사무를 관리합니다. 이는 정당의 등록, 변경, 활동 및 소멸에 관한 사무와 정당 발전 지원을 하는 것입니다. 정당의 설립과 활동의 자유를 보장하고, 정책정당으로 발전할 수 있도록 지원하는 역할이지요.

세 번째, 정치자금 사무를 관리합니다. 정치자금을 투명하게 관리하는 것은 부정선거 예방을 위해 매우 중요한 요소이기에 정당에 대해 국고보조금을 지급하고, 후원회를 설립하며 운영 상황을 감독하지요.

네 번째, 민주시민교육을 담당하고 있습니다. 교육은 학교에서만 하는 것인 줄 알았다고요? 이미 선진국에서는 주 정치교육원, 정당, 시민단체, 학교, 종교 단체 등이 연계하여 정치교육, 시민교육 등을 활발하게 하고 있습니다. 독일이 대표적인 예이지요. 우리나라 선거관리위원회도 민주 시민의식 함양과 깨끗한 선거문화를 조성하기 위해 홍보, 직원 전문교육, 선거 · 정당 관계자 · 교사 · 국민 대상의 교육을 하고 있습니다.

다섯 번째, 선거 · 정치 제도 연구 및 국제 교류 · 협력에 관한 일을 하고 있습니다. 현재 선거 제도를 더 발전시키기 위해서 선진 사례를 연구하고 우리나라의 상황에 맞게 적용하는 일이 중요하겠지요? 따라서 내부적인 연구뿐 아니라 외국 선거기관과의 교류 또한 활발히 하는 것이지요. 선거관리위원회에 대해서 더 자세히 알아보고 싶다면, 중앙선거관리위원회 누리집을 살펴보세요. 앞서 언급한 여러 가지 선거관리위원회의 업무뿐 아니라, 선거 및 교육에 관한 다양한 알림과 안내가 나와 있으니 여러분이 선거에 관해 알아갈 수 있도록 도움을 줄 거예요.

여섯 번째, 선거관리위원회에서는 일반 단체의 선거도 관리합니다. 이를 '위탁선거관리'라고 하는데, 공공단체에서 실시하는 선거가 투명 · 공정하게 이루어지도록 선거를 위탁받아 관리해 주는 것입니다. 그런데 이 위탁선거와 관련하여 여러 문제가 드러나면서 중앙선거관리위원회는 〈공공단체 등 위탁선거에 관한 법률(위탁선거개정법)〉 개정 의견을 국회에 제출했습니다.

지난 2015년 치러진 제1회 선거 이후 위탁선거법 개정 의견을 냈지만 입법화되지 않았고, 이에 같은 문제가 반복되었기에 두 번째 제출한 것입니다. 위탁선거에서 불거진 문제는 위탁선거에서 돈 선거 풍토 및 선거운동의 한계가 보인다는 점이었어요. 이 문제를 해결하기 위해 중앙선거관리위원회는 유권자의 알 권리 보장, 선거운동 자유 확대, 선거의 공정성 강화를 핵심으로 한 개정법을 만들었습니다.

가장 먼저, 유권자의 알 권리 보장을 위해 조합원 등이 과반수를 차지하는 단체 또는 조합원 총수의 5퍼센트 이상 서명을 받은 조합원은 선거운동 기간 중 후보자 초청 정책토론회를 열 수 있도록 합니다. 예비 후보자 혹은 후보자는 조합이 개최하는 공개행사에 방문해 정책을 발표할 수 있도록 하는 내용을 담았고, 선거공보에 후보자의 전과 기록을 게재하도록 했습니다. 선거벽보를 붙이는 장소를 확대하는 내용도 들어 있지요. 두 번째, 선거운동 자유 확대를 위해 예비후보자 제도를 추가했는데요. 이는 선거 개시 50일 전부터 선거운동을 할 수 있도록 하고 후보자 배우자의 선거운동도 허용하는 내용입니다.

선거인은 선거 운동 기간에는 제한적으로 전화, 문자 메시지 등을 이용해 선거운동을 할 수 있고, 몸이 불편한 예비후보자는 활동보조인을 둘 수 있습니다. 인터넷 홈페이지를 이용한 선거운동, 조합원의 가상번호 제공을 허용했습니다.

마지막으로 선거의 공정성 강화를 위해 조합원명부를 의무적으로 정비하고, 선거인명부 작성 시 지방자치단체의 주민등록 전산 정보 자료를 이용할 수 있도록 하고, 통신 자료와 금융 자료 제출을 요구하는 조사권을 강화하는 내용도 추가되었습니다.

| 선거관리위원회의 아주 특별한 업무, 위탁선거 |

공직선거 외에도 일반 단체에서 선거를 통해 일하는 사람을 선출해야 할 때가 있습니다. 이때 선거관리위원회는 〈공공단체 등 위탁선거에 관한 법률〉을 바탕으로, 일반 단체의 투명하고 공정한 선거가 진행될 수 있도록 위탁선거 관리를 하고 있습니다.

선거관리위원회에서는 〈선거관리위원회법〉 제3조에 따라 국가 및 지방자치단체의 선거에 관한 사무, 정당에 관한 사무뿐만 아니라 위탁선거에 관한 사무를 맡고 있습니다. 그런데 왜 일반 단체는 스스로 선거 관리를 진행하지 않고 선거관리위원회에 맡기는 것일까요? 그건 일반 단체도 내부 구성원으로 선거를 진행할 수 있지만, 내부 구성원만으로 선거를 진행할 경우 공정성과 중립성을 지키기가 쉽지 않기 때문입니다. 또한 실효성 있는 선거 관리 규정을 만들고 실천하기가 어렵고, 내부 선거에서 일어나는 위법 행위에 대해 엄중한 처벌을 내리기가 어렵습니다. 그래서 일반 단체는 선거관리위원회에 선거관리 업무를 위탁하는 것입니다.

위탁선거는 의무위탁과 임의위탁으로 나눌 수 있습니다. 의무위탁은 〈공공단체 등 위탁선거에 관한 법률〉에 따라 선거관리위원회에서 반드시 관리해야 하는 선거를 말합니다. 임의위탁은 선거관리위원회에서 의무 관리해야 할 필요는 없지만 개별 법률 등에 따라 공공단체 등이 선거관리위원회에 위탁선거를 신청하는 것을 말합니다.

의무위탁	임의위탁
• 조합장 · 중앙회장(농협/ 수협/ 산림조합) • 국립대총장 • 대한체육회장 • 장애인체육회장	• 중앙회장(중소기업/ 새마을금고) • 정비사업조합 • 신협 및 그 외 단체

의무위탁 선거로는 대표적으로 농협 · 수협 · 산림 조합장, 중앙회장, 국립대총장, 대한체육회장, 장애인체육회장 선거가 있으며, 2005년부터 선거관리위원회에서 위탁관리하고 있습니다. 하지만 조합장 선거가 개별 실시에 따른 예산 과다 소요 등의 문제가 발생하여 모든 조합장의 임기를 같은 날로 조정하여 조합장 선거를 동시에 실시하는 방안을 마련했습니다. 이후 2014년 〈공공단체 등 위탁선거에 관한 법률〉을 제정했으며, 이에 따라 2015년 3월 제1회 전국동시조합장 선거가 진행되었습니다.

위탁선거는 공직선거 못지않게 공정하고 엄중하게 관리되어야 합니다. 하지만 단체의 자율성도 보장되어야 하므로 선거관리위원회에서는 공정성 확보와 자율성 존중 아래 위탁사무를 진행하고 있습니다. 그렇다면 선거관리위원회는 구체적으로 어떤 일을 할까요?

첫째, 위탁 단체의 선거 관리 전반의 사무를 맡습니다. 이때 선거인명부 작성 및 확정 사무는 하지 않습니다. 선거인명부 작성 및 확정의 사무는 위탁 단체에서 회원 명부를 작성하고 진행합니다.

둘째, 위탁선거의 홍보 활동을 맡습니다. 선거 참여, 투 · 개표 절차, 그 밖의 위탁선거의 홍보를 진행합니다.

셋째, 위탁선거에 위반하는 행위가 없는지 감시합니다. 예를 들어, 선거 기간에 후보자의 선거 공약 정보를 선거자의 조합 홈페이지 게시판에 올리는 경우, 허위 정보를 개재하거나 홍보를 하는 경우, 금품을 주고받는 경우 등을 감시합니다.

그렇다면 위탁선거는 어떻게 신청하는 걸까요? 의무위탁선거는 위탁선거법 또는 개별 법령에 따라 의무적으로 위탁 신청을 해야 하고, 임의위탁선거에 해당하는 단체는 위탁 근거를 마련하여 위탁 신청을 하면 됩니다. 다만 신청 전에 위탁선거법에서 정하고 있는 사항, 선거 관리 인력, 시설, 장비 등의 지원 관련 사항을 비롯한 선거 관리에 필요한 사항을 사전에 협의한 후 진행합니다. 이때 의무위탁선거는 임원의 임기 만료 180일 전에, 임의위탁선거는 임원의 임기 만효 90일 전에 신청해야 합니다.

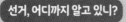

선거, 어디까지 알고 있니?

다른 나라의 선거 제도

◆ 인도: 지상 최대의 선거

세계 최대의 인구를 가진 나라는 중국이죠? 하지만 중국은 직접선거를 치르지 않습니다. 국민이 직접선거로 대표를 뽑는 세계 최대의 선거는 인도에서 벌어집니다. 인도의 유권자는 무려 8억 명이 넘습니다. 미국의 약 4배, 우리나라의 약 26배가 넘는 수치죠. 정말 상상을 초월하는 압도적인 스케일이지요? 투표소가 전국에 100만 개가 넘는다고 하며, 선거 사무원도 400만 명이 넘는다고 합니다. 게다가 투표율도 높아서 60퍼센트를 넘는다고 합니다. 8억 명이 넘는 사람들이 한 표를 행사하기 위해 투표에 참여하는 모습에서 민주주의의 열정을 느낄 수 있습니다.

◆ 브라질: 전자투표

우리는 선거 하면 기표소와 투표용지가 떠오르죠? 브라질에는 투표용지가 없답니다. 브라질은 2000년부터 시작된 전자투표가 전국적으로 확대되어 진행되고 있습니다. 전자투표제를 일찍 도입하고 잘 정착시킨 사례로 꼽히고 있죠.

기표소에 들어가면 투표용 단말기가 있어요. 단말기의 화면에 후보자의 사진과 정당이 나오면 지지하는 후보에 확인 버튼을 누르는 방식이에요. 햄버거 패스트푸드점에 가서 흔히 볼 수 있는 키오스크와 같은 방식이지요. 정말 간단하죠? 전자투표이니 개표 절차도 매우 간단합니다. 투표 집계부터 결과 공표까지 5시간 정도 걸립니다.

• 네덜란드: 대리투표

나의 선거권을 엄마나 친구에게 맡길 수 있을까요? 우리나라에서는 불가능합니다. 직접선거에 위배되는 행위이기 때문입니다. 그런데 1인 3표가 가능한 나라가 있습니다. 바로 네덜란드입니다. 네덜란드 유권자는 누구에게 투표할 것인지 다른 사람에게 위임할 수 있습니다. 대리투표를 하고 싶은 유권자는 대리투표인 지명을 신고하면 됩니다. 이후 선거일에 대리투표인이 투표 카드를 들고 투표를 할 수

있어요. 대리투표권은 1인 2명까지만 위임받을 수 있어서 본인 표를 합하면 최대 3표를 행사할 수 있습니다. 투표를 하지 않아서 기권하는 것보다 대리인에게 위임하는 제도를 통해 정치에 참여할 수 있는 기회를 주자는 것이 대리투표 제도를 만든 취지라고 합니다.

• 호주: 의무투표와 소시지
투표율이 90퍼센트가 넘는 나라가 있다고요? 바로 호주가 그렇습니다. 호주는 독재 국가를 제외한 민주주의 국가 중 가장 투표율이 높은 나라로 알려져 있습니다. 평균 투표율이 95퍼센트 안팎이라고 해요. 어떻게 그럴 수 있을까요?

바로 18세 이상 시민은 모두 투표를 해야 하는 의무투표 제도 때문이에요. 선거권이 있음에도 투표하지 않을 경우 벌금이 부과된다고 합니다. 의무투표제 벌금은 20달러로 우리나라 돈으로는 약 1만 7천원 정도 됩니다.

호주의 투표율이 높은 원인을 선거 때만 맛볼 수 있는 민주주의

소시지(Democracy Sausage)로 손꼽기도 해요. 호주에서는 투표를 마치고 나오면 지역 단체 등에서 잘 구워진 소시지를 빵에 얹은 민주주의 소시지를 준답니다. 올해도 많은 투표소에서 유권자들에게 이 소시지를 나눠줬다고 해요. 선거를 축제처럼 즐기는 모습이 정말 멋지지 않나요?

• 일본: 투표용지에 선거 후보자의 이름을 쓰는 나라

일본은 특이하게도 투표용지에 후보자의 이름을 써야 합니다. 그래서일까요? 선거 때마다 누구의 표인지, 유효표인지 무효표인지 등으로 시끄럽습니다. 또한 선거 때마다 후보자가 투표용지에 후보자의 이름을 어떻게 쓰는지 예시로 보여주며 올바른 쓰기 방법을 홍보합니다. 이렇게 투표용지에 후보자의 이름을 직접 쓰기 때문에 성이나 이름을 잘못 적거나 빼먹는 경우가 발생합니다. 이러한 경우에 대한 대책으로는 성이 같은 후보에게 0.5점, 이름이 같은 후보에게 0.5점으로 점수를 반씩 나눠서 줍니다.

우리는 선거공보물, 선거벽보, 선거 토론 방송 등을 통해 선거에 나오는 후보자의 정책을 비교하며 살펴볼 수 있습니다. 이때 현명하게 투표하기 위해서는 좌파와 우파로 구분되는 정치 성향 중 나의 정치적 성향은 무엇인지, 나와 잘 맞는 정당은 어디인지 알아보는 것도 중요합니다. 지금부터 유권자로서 현명하게 투표하는 방법을 알아볼까요?

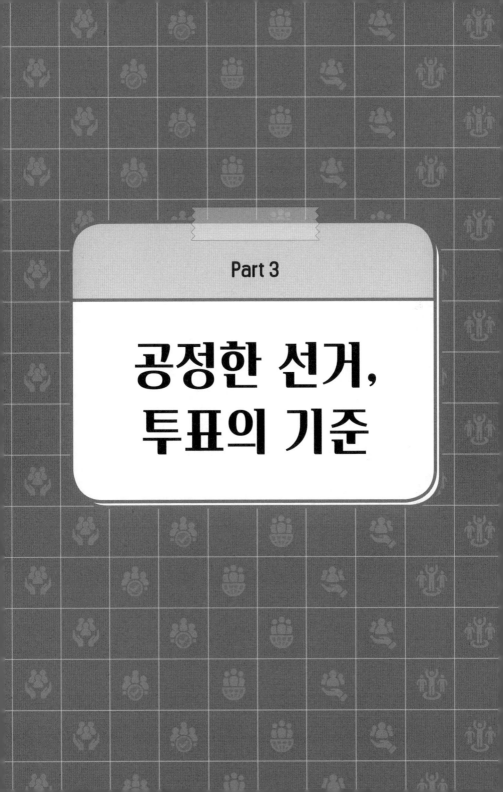

Part 3

공정한 선거,
투표의 기준

01 선거공보물이란 무엇인가요?

| 우편으로 도착하는 선거공보물 |

선거철마다 집으로 도착하는 우편물을 본 적 있나요? 혹시 기억이 나지 않는다면 다음 선거 때 유심히 살펴보세요. 선거공보물은 선거 열흘 전, 유권자의 집으로 보내지는 우편물입니다. 크기는 A4 사이즈 정도이지요. 이 우편물은 선거관리위원회에서 보낸 것으로, 봉투에는 '투표안내문·선거공보'라고 적혀 있습니다. 이때 우편물은 세대주당 1부씩 발송됩니다.

선거공보물은 선거에 나오는 후보를 객관적으로 판단할 수 있는 것 중 하나입니다. 우리는 여기에 들어 있는 선거공보물을 통해 각 후보자의 선거 공약을 비교하여 살펴볼 수 있습니다. 선거공보물에는 선거에 나오는 후보들의 포스터도 들어 있습니다. 각 후보들은

투표안내문 및 선거공보물이 담긴 우편물 예시   2021년 서울시장 보궐선거 투표안내문 예시

저마다의 방법으로 자신을 소개하는데, 아주 작은 명함 크기부터 10장이 넘는 공약집까지 다양한 선거공보물이 있습니다.

그런데 모든 후보자가 반드시 선거공보물을 유권자에게 보내야 하는 것은 아닙니다. 후보자 중 재정 상태 등에 따라 선거공보물을 제작할 여유가 없을 수도 있기 때문입니다. 이때는 세금 체납 및 범죄 전과 기록 등은 알려야 하기 때문에 단순한 소명자료 형태의 선거공보물이 포함되기도 합니다.[30]

우편물에는 투표안내문도 함께 들어 있습니다. 투표안내문에는 선거 당일, 선거인이 투표할 장소와 지도, 가지고 가야 할 준비물(신분증명서) 등을 자세하게 안내하고 있습니다. 여기에 선거인명부 등재번호라는 것이 있는데요. 이 번호를 알고 가면 투표소에서 선거인의 신분을 빠르게 확인하고, 투표를 진행할 수 있습니다. 또 투표안내문에는 사전투표 안내도 함께 설명되어 있습니다.

이때 거소투표(여러 가지 이유로 투표일에 투표소에 가지 못하는 경

---

30. 조재현, 〈"OOO 후보 공보물 2개 들어있는데…혹시 선거법 위반?"〉, 《뉴스1》, 2021.4.3.

우) 신청자의 경우, 거소투표용지도 같이 받습니다. 유권자가 만약 선거공보물을 받지 못했거나 받은 선거공보물 중 일부가 누락된 경우에는 거주하는 동주민센터에 재발송 신청을 할 수 있습니다.

| 선거공보물로 후보자의 정보 비교 |

선거에서 후보자가 유권자에게 제공하는 정보는 매우 중요합니다. 왜냐하면 유권자는 이 정보를 통해 후보자가 국민을 대표할 만한 사람인가를 판단하는 것은 물론 어떤 정책을 실현할 것인지 알아볼 수 있기 때문이지요. 지금은 SNS나 유튜브 등을 통해 선거 홍보가 다양화되었지만, 여전히 선거 매체 중 선거공보물은 대표적인 선거 매체 중 하나입니다.

후보자 정보 공개자료 목록

순번	항목	내용
1	인적 사항	후보자가 걸어온 길
2	재산 상황	후보자의 가족 재산
3	병역 사항	후보자 및 자녀의 병역 사항
4	세금 납부 상황	세금 납부 및 체납 실적
5	전과 기록	전과의 종류
6	소명서	추가 설명 기회

2021년 서울시장 보궐선거 선거공보물 예시(좌), 선거공보물 내 후보자 정보 공개자료 서식(우)

　　그런데 후보자의 선거공보물을 보는 순간 고개를 갸웃거릴 것입니다. 선거공보물의 첫 장이 매우 비슷하거든요. 첫 장은 공통적으로 후보자의 정보가 적혀 있기 때문입니다. 정보 공개자료는 4가지 항목으로 구성되어 있어 후보자를 동일한 기준으로 비교할 수 있습니다. 지금부터 후보자 정보 공개자료를 구체적으로 살펴볼까요?

◆ 인적 사항
인적 사항에는 소속 정당명, 성명, 성별, 생년월일, 직업, 학력, 경력란이 있습니다. 후보자가 어떤 직업을 가졌고 어떤 활동을 하였는지를 보면 후보자의 공약과 연관성도 파악하고 당선 이후 주력해서 추진할 정책을 예상할 수 있겠죠? 후보자가 걸어온 길을 통해 인권, 생태, 시민, 경제, 노동, 언론 등 어느 분야의 전문가인지 파악할 수도 있습니다.

• 재산 상황

공직을 맡게 될 후보와 후보 가족의 재산과 병역 사항을 꼼꼼하게 점검하는 것도 매우 중요합니다. 우선 후보자의 재산부터 살펴볼까요? 후보자 외 배우자, 직계존속(나를 기준으로 부모님과 양쪽 할머니, 할아버지 포함), 직계비속(나를 기준으로 자식, 손주 포함)까지 재산 상황을 모두 제시하게 되어 있습니다. 재산이 많은 것은 잘못이 아니지만 어떻게 벌었고 어디에 썼는지에 대해 기록을 살펴볼 필요는 있지요. 〈공직자윤리법〉 제6조에 따라 고위공직자는 매년 재산 변동을 신고해야 합니다. 이때 제대로 했는지, 일부러 누락한 것은 아닌지 검증하는 게 매우 중요합니다.

〈공직자윤리법〉 제6조 제1항

등록의무자는 매년 1월 1일부터 12월 31일까지의 재산 변동사항을 다음 해 2월 말일까지 등록기관에 신고하여야 한다. 다만, 최초의 등록 후 또는 제5조 제1항 단서에 따른 신고 후 최초의 변동사항 신고의 경우에는 등록의무자가 된 날부터 그해 12월 31일까지의 재산 변동사항을 등록기관에 신고하여야 한다.

• 병역 사항

재산 이외에도 우리나라 후보 검증에서 가장 민감한 병역 사항이 담겨 있습니다. 후보자 자신의 병역 사항 이외에 18세 이상 자녀의 병역 사항도 적어야 합니다. 우리나라 정치인들 중에는 병역을 면

제받은 사람들이 상당수 있습니다. 특별한 이유 없이 국민의 의무인 병역을 다하지 않으면서 공직을 맡는 것은 문제가 있겠죠?

• 세금 납부, 체납 실적 및 전과 기록

국민의 의무를 지키며 모범을 보여야 할 후보가 세금을 제대로 내지 않았다면 후보자로 자격이 없겠죠? 선거공보물에서는 세금을 얼마 냈고, 혹시 밀린 세금이 있는지, 범죄를 저지르지 않았는지를 투명하게 공개하고 있습니다. 특히 전과 기록에는 교통사고 처리 및 도로교통법 위반 벌금까지 구체적으로 제시되어 있습니다. 하지만 예전에 민주화운동을 했던 정치인은 〈집회 및 시위에 관한 법률〉 위반으로 전과 기록이 남아 있기도 해요. 그러니 전과가 있느냐 없느냐보다 어떤 종류의 전과가 있는지 꼼꼼히 확인해야겠죠?

• 소명서

위에 공개된 항목에 대해 후보자가 추가 설명을 할 수 있는 항목이 있습니다. 후보자에 따라 이 항목을 비워 두기도 하고 소명하는 글로 채우기도 합니다.

| 선거공보물 속 후보자의 공약 살펴보기 |

후보자의 선거 공약은 매우 중요합니다. 지난 2021년 서울시장 보

궐선거의 선거공보물은 36매였고, 2020년 국회의원 선거는 56매였습니다. 각 후보자별 선거공보물에는 유권자들을 향한 공약 내용이 가득 쓰여 있었습니다. 모두 민생을 위한다는 화려한 공약들이었습니다. 하지만 말이 비슷비슷해서 판단하기가 쉽지 않았습니다.

선거공보물을 자세히 보면, 선거에서 선택을 받기 위해 말만 번지르르한 공약도 보입니다. 유권자는 그 공약이 실현 가능한지 아닌지를 꼼꼼하게 따져야 합니다. 〈공직선거법〉에 따르면 선거 공약을 지키기 위해 어떤 과정으로 진행할 것인지 공약집에 밝히도록 하고 있습니다. 공약 이행을 위해 예산을 어떻게 끌어올 것인지에 대한 방법까지요. 그래서 공약 이행 기간, 절차, 예산을 살펴보면 누가 허황된 공약을 내걸고 시민들을 현혹하는지 알 수 있습니다.

종이로 된 선거공보물 이외에도 선거관리위원회의 홈페이지나 정책·공약 알리미 사이트(http://policy.nec.go.kr), 선거통계시스템(http://info.nec.go.kr)에서 후보자의 정보 공개자료 및 출마경력 상세정보, 투표소의 위치, 길찾기 정보 등을 제공받을 수 있습니다. 또한 요즘 유권자 성향에 맞게 '선거공보물 대신 읽어드립니다'라는 유튜브 서비스 및 언론사 방송도 제공되고 있으니 다양한 방식으로 후보자를 비교할 수 있습니다. 필요하면 인터넷으로 자료를 더 찾아보며 후보자의 자질을 검증할 수 있습니다.

결국 우리는 후보자의 홍보 전략 중 하나인 선거공보물을 통해 제대로 일할 수 있는 인물인지, 실현 가능한 정책인지, 나와 소통할 수 있는 인물인지 등을 판단하고 후보자를 선택해야 합니다. 우리의 선택에 따라 우리의 삶이 달라질 수 있으니까요.

📢 여기서 잠깐!

선거 정보는 어디에서 알아볼 수 있나요?

집으로 도착하는 선거공보물을 통해 후보자에 대한 정보를 얻는 방법도 있지만 아래와 같은 방법을 통해서도 정당과 후보자의 정보를 알 수 있습니다.[31]

- 정당 홈페이지 둘러보기: 정당들은 자신들이 어떠한 이념과 가치를 가지고 어떠한 정책을 중점적으로 실천할 것인지 홈페이지를 통해 공개하고 있습니다.
- 선거관리위원회에서 운영하는 정책·공약 알리미 사이트(http://policy.nec. go.kr) 검색하기: 선거관리위원회에서는 정책과 공약을 쉽고 편하게 비교할 수 있도록 정책·공약 알리미 사이트를 운영하고 있습니다.
- 선거 토론 방송 시청하기: 각 정당과 후보자별 정책을 일일이 비교할 수 없다면 선거 토론 방송을 통해 비교할 수 있습니다.
- 선거벽보 살펴보기: 길거리에서 가장 쉽게 볼 수 있는 선거벽보에는 후보자의 사진, 성명, 기호, 소속정당, 경력, 구호, 핵심 공약 등이 요약되어 있습니다.
- 사이버선거역사관(http://museum.nec.go.kr)에서 가상 선거체험하기: 가상으로 투표를 해볼 수 있습니다.

....

31. 선거연수원, 《만 18세, 대한민국 유권자 되다!(교사용)》, 중앙선거관리위원회 선거연수원, 2020.

선거 토론 방송이란 무엇인가요?

| 선거 토론 방송 |

여러분, 선거 토론 방송을 본 적이 있나요? 선거 토론 방송은 밤늦게 하는 TV 토론 프로그램과는 다릅니다. 선거 토론 방송은 중앙선거방송토론위원회에서 주관하거든요. 선거 토론 방송은 후보자들이 정책이나 정견에 관한 주제에 대하여 질문과 답변을 하는 토론회로서, 유권자에게는 후보자의 정책과 자질을 비교·평가할 수 있고, 후보자에게는 다른 후보자와의 차별성을 부각시키고 유권자를 설득할 수 있는 기회입니다.[32] 방송은 오후 8~10시, 많은 유권자가 볼 수 있는 시간대에 방송되며, 공영방송사(KBS, MBC), 중앙선거관

----

32. 《전국매일신문》, 〈서울시선관위 공동기획 4-선거방송토론〉, 2021.3.25.

리위원회 및 중앙선거방송토론위원회 유튜브, 네이버TV 등을 통하여 시청할 수 있습니다. 또한 생방송으로 시청하지 못한 유권자를 위하여 중앙선거방송토론위원회 홈페이지(www.debates.go.kr), 유튜브 등을 통해 다시보기 서비스를 제공합니다.

후보자들은 〈공직선거법〉에 따라 선거운동 기간에 선거유세를 하거나 인터넷, 전화, 문자 등을 통해 자신의 공약을 알립니다. 또한 선거 토론 방송을 통해 자신을 홍보할 수 있습니다. 선거 토론 방송은 미디어 선거운동의 꽃이라고 할 수 있습니다. 선거 토론 방송은 우리가 바쁜 일상 속에서 편하게 선거 정보를 확인할 수 있는 가장 쉬운 방법입니다. 모바일을 통해서 탑재된 영상을 언제든지 볼 수 있고요. 선거 토론 방송에서는 텍스트로 확인하지 못하는 후보자의 말투, 언어 사용, 표정, 진정성 등을 생생하게 확인할 수 있어요. 또 후보자 간의 날카로운 정책 대결과 치열한 토론을 통해 재미도 얻을 수 있습니다.

지난 제19대 대통령 선거 TV 토론회는 6번 열렸습니다. SBS·KBS·JTBC·중앙일보 등 각 방송사와 언론이 주최한 초청 TV 토론회(3회)와 선거관리위원회가 주최한 선거방송토론위원회 토론회(3회)로 나뉘어 진행되었지요. 각 후보자가 착석하여 진행하는 원탁 토론을 하기도 했고 스탠딩 토론을 하기도 했습니다. 미국 대통령 선거에서 CNN은 매번 TV 토론회가 끝나면 긴급 여론조사를 합니다. TV 토론회의 승자를 선정하는 것이죠. 토론회 후 여론조사에서 응답자 10명 중 4명이 TV 토론을 통해 지지 후보를 바꾸거나 지지 후보를 굳혔다고 밝히는 등 선거 토론 방송의 영향력이 점점 커지고 있답니다.

　모든 후보자가 선거 토론 방송에 참여할 수 있는 것은 아닙니다. 방송에 나올 수 있는 후보자는 〈공직선거법〉에 따라 일정 조건을 충족하는 정당이 추천한 후보자, 최근 4년 이내에 선거에서 유효투표 총수의 10퍼센트 이상을 득표한 후보자, 여론조사에서 평균 지지율이 5퍼센트 이상인 후보자만이 참여할 수 있습니다. 그래서 작은 정당의 후보들은 선거 토론 방송 및 연설을 통해 자신을 알리기가 쉽지 않은 측면이 있습니다.

📢 여기서 잠깐!

TV 토론으로 선거의 흐름을 바꿨다고요?

1960년 9월 26일은 미국 민주당 대통령 후보인 존 F. 케네디 상원의원과 공화당 후보인 리처드 닉슨 부통령이 네 번의 텔레비전 토론 중 첫 번째 토론을 벌인 날입니다. 이날은 미국 역사상 처음으로 실시된 TV 토론으로, 당시 미국 전체 인구의 약 3분의 1인 7천만 명가량이 이 방송을 시청했다고 합니다.

　이날 케네디는 구릿빛 피부에 검정색 정장과 파란색 셔츠를 골라 입고 등장했습니다. 이때 TV 카메라를 정면으로 응시하며 보인 자신감 있는 제스처가 시청자의 눈길을 사로잡았습니다. 반면 닉슨은 거무스름해 보이는 수염을 가리기 위해 덧칠한 화장품 때문에 계속 땀을 흘리고 눈동자를 이리저리 움직이는 등 불안한 기색을 보였습니다.

　이날 방송으로 케네디에 대한 호감이 높아졌습니다. 이전까지만 해도 여론조사에서는 닉슨이 당선될 것으로 예상되었습니다. 하지만 TV 토론이 방송된 이후 케네디는 닉슨을 앞지르기 시작했고 근소한 차이로 제35대 미국 대통령에 당선되었습니다.

| 선거 토론 방송의 중요성 |

선거 기간 중 유권자는 다양한 경로를 통해 후보자의 정보와 정책을 접하게 됩니다. 그중 TV 토론은 후보자가 직접 나서서 자신의 공약, 비전, 가치관 등을 표현하기 때문에 유권자는 제3자로부터 가공되지 않은 정보를 제공받을 수 있을 뿐만 아니라 후보자의 자질과 정책을 직접 비교하여 판단할 수 있습니다.[33] 그만큼 TV 토론

....
33. 우지숙 외, 〈TV토론 보도와 정책선거〉, 《행정논총》 제55권 제4호, 2017.

은 유권자의 선택에 큰 영향을 미칩니다.

우리나라에서의 TV 토론은 1995년 제1회 지방선거에서 도입되었습니다. 이후, 대통령 선거와 국회의원 선거, 전국 지방선거 등에서 지속적으로 실시되고 있으며 선거법에 의해 개최가 명시되어 법적 제도화가 이루어졌습니다.[34]

그런데 어떤 한 후보자는 TV 토론에 불참하려고 꾀를 냈습니다. 고의로 교통사고로 만들려고 한 것이지요. 이에 대법원은 후보자에게 단호한 처벌을 내렸습니다. 현행 〈공직선거법〉은 정당한 사유 없이 후보자 초청 TV 토론회에 불참하면 과태료(1,000만 원)를 부과합니다. 그만큼 많은 유권자가 TV 토론회의 필요성에 공감하고 적극적인 운영을 바라고 있다는 증거입니다.

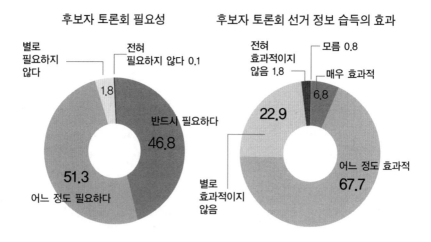

후보자 토론회 필요성

별로 필요하지 않다 — 전혀 필요하지 않다 0.1

1.8

반드시 필요하다
46.8

51.3
어느 정도 필요하다

후보자 토론회 선거 정보 습득의 효과

전혀 효과적이지 않음 1.8 — 모름 0.8

매우 효과적

6.8

22.9

별로 효과적이지 않음

어느 정도 효과적
67.7

34. 이수범 외, 〈텔레비전 토론의 효과연구〉, 중앙선거관리위원회, 2011.

제21대 국회의원 선거가 끝난 뒤 선거관리위원회가 한국정치학회에 의뢰해 발표한 '제21대 국회의원 선거 후보자 토론회 효과 분석'[35]을 보면 유권자의 98.1퍼센트가 후보자 토론회가 필요하다고 응답했다고 합니다. 또한 토론회 시청 후 선거 관심도가 높아졌다고 응답한 비율 또한 67.9퍼센트(매우 높아졌다 13.5퍼센트, 조금 높아졌다 54.4퍼센트)로 높았습니다.

그래도 여전히 준비가 안 된 후보자들은 과태료를 내고 토론회를 회피하기도 해요. 과태료 부과 후 토론회를 안 해도 제재를 가할 방법은 없습니다. 그럼에도 불구하고 TV 토론이 유권자와 후보자 모두에게 중요한 이유는, TV 토론에 나온 후보자들이 공정한 절차에 따라 토론을 진행하고 토론의 결과에 존중하고 합의하는 과정이 민주주의의 진정한 모습이기 때문입니다.

| 선거 토론 방송에서 주의 깊게 살펴야 하는 것들 |

코로나19와 같은 상황에서는 대면 선거운동이 쉽지 않습니다. 그 바람에 선거 토론 방송의 중요성이 커지고 있습니다. 1위가 아닌 후보들은 선거 토론 방송을 통해 인지도를 올리길 원해요. 선거 토론 방송을 통해 자신의 이름을 알리고 대중에게 자신의 새로운 면

....
35. 임동우, 〈유권자 98% "토론회 필요"…선관위 불참후보 제재 강화 난색〉, 《국제신문》, 2021.9.5.

모를 알릴 수 있기 때문에 매우 중요한 기회입니다.

　선거 토론 방송은 유권자에게도 여러 가지 좋은 점이 있습니다. 토론회 시청을 통해 유권자가 지지 후보자를 변경하기도 하고, 지지 후보자에 대한 표심을 더 확고히 하기도 해요. 박빙의 선거인 경우에는 TV 토론회가 선거에 결정적인 영향을 끼치기도 한답니다. 그럼 선거 토론 방송에서 우리는 무엇을 점검해야 할까요?

선거 토론 방송 청취 방법

쟁점 및 정책 비교	후보자의 자질	비언어적 특징
쟁점에 관한 견해	인신공격, 네거티브 OUT	말할 때 손짓, 반응
주제별 정책	공약 계획 및 실천 의지	경청 자세, 예의 등 특징

　첫째, 선거의 쟁점에 대한 정견, 정책을 비교합니다. 예를 들어 세월호 사건이나 국정농단 사태, 검찰개혁, 남북 문제와 같이 당시 사회 이슈에 대한 후보자의 견해, 공약에 대한 의지를 알 수 있습니다. 선거 토론 방송에서 후보자가 쟁점에 대해 다른 후보자와의 차별성을 부각시키고 어떻게 유권자를 설득하는지 비교해보세요.

　둘째, 후보자의 자질을 비교합니다. 서로 상대 후보를 깎아내리며 헐뜯는 것을 '네거티브'라고 하는데요. 네거티브로 가득한 선거인 경우 난타전을 벌이던 후보들은 상대의 약점을 파고들어 인신공격성 발언을 통해 얼굴을 붉히기도 해요. 어떤 후보가 정책 검증보다는 과거 행적을 들춰내고 사소한 신상 문제를 끄집어내 인신공격을 하는지 살펴보는 것도 중요합니다. 또한 얼마나 적극적으로 공약을 이행할 수 있는지, 정책 개발 능력과 추진력은 어느 정도인지, 공인으로서의 청렴성 도덕성을 지니고 있는지를 토론을 통해 비교하고 판단할 수 있습니다.

셋째, 후보자의 비언어적 특징을 비교합니다. 유권자들은 선거 토론 방송에서 후보자가 말할 때의 표정이나 손짓, 반응 하나하나를 주목해서 보고, 불리한 질문이나 지적을 받았을 때 후보자의 반응도 볼 수도 있어요. 답변 제한 시간 15초를 남기고 경고등이 켜지거나, 제한 시간이 끝나자마자 무정하게 마이크가 꺼지기도 하는데요. 이러한 토론 과정에 흥분하지 않고 과장하지 않으며 최대한 예의를 갖추면서 토론하는 모습에서 우리는 후보자의 자질을 비교할 수 있겠죠. 얼마나 진지한가, 상대에 어떤 자세를 취하는가, 경청하는가, 불만스러운 표정인가, 화가 난 표정인가 하는 것들은 후보자에 대한 유권자들의 판단 근거가 됩니다.

선거 토론 방송을 통해 우리는 후보자의 능력과 공약에 대한 의지에 대해 파악하는 것도 중요하지만, 토론하는 태도를 통해 시민과 함께하고자 하는 마음이 있는지, 시민의 말을 경청하려고 하는지를 잘 살피는 것도 중요합니다. 요즘은 선거 토론 방송 전에 공모를 통해 국민 질문은 선정하고 토론회 당일에 활용하기도 해요. 지금부터 선거 토론 방송에 적극 참여해보는 건 어떨까요?

03 보수 정당과 진보 정당은 어떻게 다른가요?

| 진보와 보수의 차이 |

보수 또는 진보, 좌파 또는 우파라는 용어를 들어 보셨어요? 좌측통행, 우측통행은 알아도 좌파, 우파는 생소할 수 있습니다. 많은 사람들이 우리 사회를 위해 고민하고 있지만 그 해결 방법에는 차이가 있습니다. 이때 자신의 정치적 이념을 표현할 때 진보, 보수 또는 좌파, 우파라는 용어를 사용합니다. 좌파, 우파 같은 정치적 지향 때문에 사람들 사이에 갈등도 나타나고요. 좌파, 우파라는 용어는 프랑스 혁명 이후, 의회의 이념에 따라 좌측, 우측으로 좌석이 나뉜 것에서 유래되었다고 합니다.

하지만 현실에서는 좌파 우파를 무 자르듯이 명확히 구별하기 힘들 수 있습니다. 우파 정당이 개인의 자유 제한을 건의하기도 하고,

좌파 정당이 개인의 세금 증가를 요구하기도 해요. 그럼 정치 이념들을 한번 구분해 볼까요?

• 좌파 이념
진보주의: 사회를 보다 낫게 변화시키기 위해 정부가 적극적인 힘을 발휘해야 한다고 믿는 이념으로 빠르고 근본적인 변화를 중시한다.
사회주의: 사람들의 이익을 위해 정부가 적극적으로 경제를 통제해야 하는 이념으로 개인의 자유보다 복지를 우선순위에 두고 있다.

• 우파 이념
보수주의: 안정성을 중시하여 천천히 느리게 최소한으로 변화하는 것을 추구한다.
자유주의: 정부가 개인을 보호할 목적이 아니라면 개인에 대해 간섭할 권리가 거의 없다고 보고 사람들의 자유를 지키고자 한다.

에드워드 키난, 《정치 사용 설명서》 재구성

오늘날 세계적으로 정치적인 이념 갈등은 무척 심각합니다. 자신과 견해가 조금이라도 맞지 않는 사람들을 서로 미워하고 무시하기도 합니다. 양 극단이 서로 대화가 불가능한 상황까지 이르는 것을 뉴스와 신문에서 보기도 하죠. SNS나 유튜브를 통해 가짜 뉴스가 확산되면서 갈등이 극심해지는 것 같습니다.

하지만 실제 좌파와 우파 사이에는 많은 공간이 있어요. 토론과 협의를 통해 타협점을 찾는 발전적인 관계가 되는 것이 가장 중요합니다. 우리 모두 세상을 더 좋은 곳으로 바꾸고 싶은 마음은 같으니까요. 정치적 신념대로, 그들의 방식도 옳다는 것을 인정하는 것에서 출발하는 게 현명한 방법이에요.

| 나에게 어울리는 정치 이념 |

선거에서 진정한 유권자가 된다는 것은 결국은 어떤 과정을 거쳐 선택을 하는가의 문제입니다. 그 과정에서 정당과 후보자를 선택하기 위해 가장 쉽게 할 수 있는 방법은 정책이나 공약을 비교해보는 것입니다. 먼저 정당이나 후보자의 정체성과 이들이 주장하는 바를 문장으로 요약해주는 구호를 살펴봅니다. 선거벽보나 정당 홈페이지, 선거운동 등을 통해 정당이나 후보자가 반복적으로 강조하는 구호가 있습니다. 여기에서 경제, 노동, 환경 등 어떤 정책과 가치를 가장 우선시하는지를 알아봅니다.[36] 이때 정당이나 후보자가 반드시 추진하겠다고 제시하는 10대 공약, 5대 공약, 3대 공약을 정리해보면 나와 어울리는 정치 이념을 가진 정당을 찾을 수 있습니다.

| 정치 성향 체크리스트 |

혹시 여러분의 정치 성향에 대해 알아본 적이 있나요? 예를 들어, '나는 안정을 추구하는 사람일까? 변화를 꿈꾸는 사람일까?', '나에게 어울리는 정치 이념은 진보일까? 보수일까?' 알쏭달쏭하지요? 간단한 질문을 통해 나의 정치 성향을 알아볼까요? 각 질문에 대해 동의하는

36. 선거연수원, 《대한민국 유권자가 되다(청소년용)》, 중앙선거관리위원회 선거연수원, 2021.

정도에 따라서 점수를 매겨 보세요.

질문	0점	1점	2점	3점
자율형사립고, 특목고는 폐지해야 한다.	적극 찬성	다소 찬성	다소 반대	적극 반대
불평등 해소를 위해 부자에게 세금을 더 걷어야 한다.	적극 찬성	다소 찬성	다소 반대	적극 반대
북한에 대한 포용 정책을 강화해야 한다.	적극 찬성	다소 찬성	다소 반대	적극 반대
한미 동맹관계를 더욱 강화해야 한다.	적극 반대	다소 반대	다소 찬성	적극 찬성
모든 종류의 차별을 막는 차별금지법은 반드시 필요하다.	적극 찬성	다소 찬성	다소 반대	적극 반대
나의 점수				( )점

중앙일보 정치 성향 테스트 재구성

적극 찬성은 진보 성향으로, 적극 반대는 보수 성향으로 여겨집니다. 좀 더 자세히 자신의 정치 성향을 알아보고 싶다면 중앙일보와 더가능연구소가 함께 개발한 '초간단 정치 성향 테스트(https://news.joins.com/Digitalspecial/446)'를 통해 알아보세요.

| 정정당당 정당 선택기 |

우리나라는 정당도 다양하고, 이름도 자주 바뀌어 혼란스러워요.

2021년 선거관리위원회에 등록된 정당은 50개가 넘는다고 합니다. 정말 많지요?

정당마다 내세우는 비전과 정책은 다 다릅니다. 지역, 나이, 여성과 남성, 교육 수준, 직업에 따라 다양한 갈등이 나타나므로 자신의 이익을 위해 정당을 선택해요. 그래서 다양한 목소리를 내는 당이 많아지는 것이 나쁜 것만은 아니에요. 복잡한 현대 사회에서는 다양한 요구와 논쟁 속에서, 사람들은 자기와 관점이 같은 사람들을 찾는 것입니다. 이렇게 뜻을 같이해서 참여하는 사람들은 공동의 목표를 가지고 자신들에게 유리한 정책을 만들어내고요. 이 과정에서 정당이 생겨나죠. 같은 정당에 속한 사람들은 세상을 바라보는

우리나라 정당정치 이념 플로우 차트

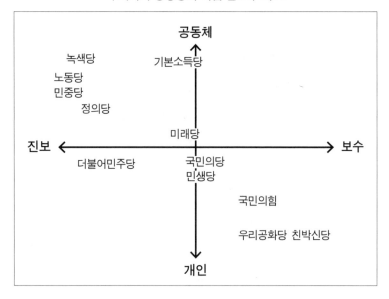

눈이 비슷해요. 그럼 우리나라 정당 중에서 나와 어울리는 정당은 어디일까요? 나는 좌파와 우파 중 어느 쪽을 지지하나요?

148쪽의 그림은 우리나라 정당의 이념 성향에 따른 플로우 차트입니다.[37] 하지만 사람마다 정당 성향을 판단하는 기준은 모두 다를 수 있답니다. 정당의 이념은 정답이 없거든요. 그래도 나에게 맞는 정당이 궁금하다고요?

그럼 위에서 했던 정치 성향 테스트를 아래 차트에 적용해볼까요? 아래 그림에서 진보와 보수의 화살표가 보이지요? 교차되는 지점을 중도로 생각하고 적용해보세요. 또 공동체를 더 중요시하는지, 개인의 자유를 더 중요시하는지 생각해보고 세로 선의 지점을 정해보세요. 진보/보수의 가로선과 공동체/개인의 세로선이 만나는 지점이 나와 딱 맞는 정당이에요.

37. 서울경제 디지털미디어센터(https://www.sedaily.com/Event/Election2020)

04 후보자의 공약을 어떻게 비교하나요?

| 후보자의 공약 살펴보기 |

선거 기간이 되면 후보자들은 유권자가 듣기 좋은 많은 약속을 합니다. 거짓 공약, 가짜 공약들이 넘쳐납니다. 그런데 이러한 후보의 약속이 선거가 끝난 다음 없어져 버리는 공수표가 되면 안 되겠죠? 그래서 공약은 후보자를 선택하는 기준이 될 수 있습니다. 공약이란 선거에 임하는 후보자가 유권자에 행하는 공적인 약속, 매니페스토라고도 해요.

매니페스토는 라틴어로 '증거'라는 의미를 담고 있죠. 증거에 따른, 즉 거짓말로 부풀려진 약속이 아니라 후보자가 선언한 구체적인 목표, 추진 우선순위, 이행 방안, 이행 기간, 재원 조달 방법을 명시한 공약을 중심으로 후보자를 선택하는 선거를 정책선거라고 합니다. 후보자의 공약을 비교하여 실현 가능성이 높은 공약을 제시한 후보자를 선별하는 선거가 되도록 노력해야 해요.

선거별 당선자의 공약은 모두 선거관리위원회에서 제공하는 정책·공약 알리미 사이트(http://policy.nec.go.kr)에 나와 있습니다. 당선인 공약을 검색하면 확인할 수 있어요. 한번 확인해볼까요?

정책·공약 알리미 사이트　　　　당선인 공약 검색 예시

| 공약과 비전을 통한 후보 선택 방법 |

후보별 공약집이 너무 복잡하지요? 내가 원하는 후보자를 선택하기 위해, 공약집을 어떻게 비교하고 분석해야 할지 살펴볼까요?

• 공약 가려내기 방법: 후보별
각 후보들의 대표적인 선거 공약을 표로 정리해 보고, 후보들이 내놓은 공약을 골라 '실현 가능성'에 따라 친구들과 함께 점수로 평가해보세요.

	A후보	
후보자 ○○○	내용	실현가능 점수 (10점)
대표 공약 1	토지 임대 반값 아파트	5
대표 공약 2	유치원 친환경 무상 급식	10
대표 공약 3	지역 녹지 비율 40% 상향	6
합계		21/30

	B후보	
후보자 ○○○	내용	실현가능 점수 (10점)
대표 공약 1	민간 분양 주택 활성화	6
대표 공약 2	야간 보육 시설 확충	8
대표 공약 3	제산세율 인하	8
합계		22/30

• 공약 가려내기 방법: 주제별

각 정당이 내세우는 주제별 핵심 공약이 있죠? 긱 정당이 내세우는 공약을 분석하고 친구들과 가장 시급한 정책에 대해 비교하여 토론해보는 것도 좋아요.

교육 분야

○○당 - 위기 청소년 안전망 확대

□□당 - 학교 정치화 방지

☆☆당 - 직업계 학교 장려금

◇◇당 - 학급 정원 감축

우리 모둠이 생각하는 가장 시급한 정책은?

• 공약 가려내기 방법: 이슈별

후보자별로 주제에 따라 공약을 뽑아 볼까요? 예를 들어 정치적으로 이슈가 되는 정책을 찾아보고 제시하는 공약을 비교해보는 것은 어때요? 공약집에서 이슈에 따른 공약이나 단어들을 찾아보고 정

특목고 정책

A정당	자사고, 외고, 일반고 전환
B정당	자사고, 외고 유지, 일반고 경쟁력 강화
C정당	특목고 폐지, 좋은 일반고 만들기

리하여 봅시다. 이렇게 후보자나 정당이 내세우는 정책들을 비교
및 평가를 하면, 자신이 원하는 후보자를 찾을 수 있습니다.

실현 가능한 공약은 무엇인가요?

| 실현 가능한 선거 공약 |

선거에서 올바른 선택을 하기 위해 가장 중요한 것은 충분한 정보를 얻는 것입니다. 많은 유권자들이 후보자의 정보인 선거 공약을 보며 실현 가능한 공약이 무엇일지 고심하게 되지요. 그렇다면 우리 반의 학급회장 선거와 비교해서 생각해볼까요? 여러분의 투표로 뽑는 학급회장 후보도 여러분 앞에 서서 많은 약속을 하지요? 여러분 A학생과 B학생이 학급회장 후보로 나와 아래와 같은 선거 공약을 내세웠습니다.

A학생: 제가 회장이 된다면, 365일을 어린이날로 만들겠습니다!

B학생: 저를 뽑아주시면 맛있는 햄버거를 쏘겠습니다!

언뜻 보면 A학생과 B학생 모두 실현 가능한 선거 공약 같지만 A학생의 선거 공약은 실현 불가능한 공약입니다. 마음만은 365일 어린이날이면 좋겠지만 실제로 이런 공약은 지킬 수 없습니다. 그렇기 때문에 감정적으로 호소하며 우리의 마음을 사로잡는 공약보다는 실제로 실현 가능한 공약을 내세우는 정당과 후보자를 잘 가려내야 하는 것이지요.

후보자 가운데 다른 후보자를 헐뜯고 욕하고 비난하는 경우가 있습니다. 그래서 우리는 후보자가 내세우는 공약보다는 다른 곳에 휩쓸려 관심을 둘 때가 있습니다.

우리가 선거를 통해 뽑아야 할 사람은 우리를 대신하여 책임감을 가지고 성실하게 일할 사람입니다. 예를 들자면 약속을 잘 지키는 후보자, 남을 비웃거나 욕하지 않는 후보자, 평소에 성실하고 거짓말을 안 하는 후보자 등이지요.

내 친구라서, 나와 같은 동네 출신, 같은 학교 졸업생이라서 '우리가 남이냐'라는 생각으로 후보에 대한 검증 없이 능력도 없는 사람을 뽑아서는 안 되겠죠?

공약, 정책
관심, 소통

혈연, 지연
인연, 학연

중앙선거관리위원회 유권자 의식조사[38]에 따르면 우리나라 국민은 지지 후보를 선택할 때 가장 많이 고려하는 점은 소속 정당(31.1퍼센트), 정책/공약(28.7퍼센트), 인물/능력/도덕성(25.2퍼센트), 정치경력(5.5퍼센트), 주위의 평가(2.7퍼센트), 출신 지역(1.0퍼센트), 개인적 학연·지연(0.2퍼센트) 등으로 나타났습니다. 지지 후보를 결정할 때 소속 정당 → 정책(공약) → 인물 항목 순으로 영향을 끼친다는 것을 확인할 수 있어요.

미래의 유권자로서 만나는 공직선거도 마찬가지입니다. 앞에서 후보자를 선택하는 기준이 되는 것이 공약이라고 배웠죠?

우선 선거에 출마한 후보자들은 유권자의 지지를 얻기 위해 다양한 공약을 제시해요. 선거가 진행될수록 공약의 수는 정말 상상을 초월하죠. 화려한 경력과 학벌, 말만 잘하는 인물이 아니라 후보자

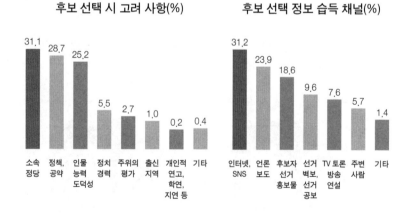

후보 선택 시 고려 사항(%)

- 소속 정당: 31.1
- 정책, 공약: 28.7
- 인물 능력 도덕성: 25.2
- 정치 경력: 5.5
- 주위의 평가: 2.7
- 출신 지역: 1.0
- 개인적 연고, 학연, 지연 등: 0.2
- 기타: 0.4

후보 선택 정보 습득 채널(%)

- 인터넷, SNS: 31.2
- 언론 보도: 23.9
- 후보자 선거 홍보물: 18.6
- 선거 벽보, 선거 공보: 9.6
- TV 토론 방송 연설: 7.6
- 주변 사람: 5.7
- 기타: 1.4

38. 중앙선거권리위원회, 《제21대 국회의원선거(2020.4.15)에 관한 유권자의식조사》, 2020.

의 정책 공약을 꼼꼼히 따져보았다면 우리가 사는 사회는 좀 달라졌을 수도 있었겠지요? 후보자를 선택할 때 공약을 비교하여 실현 가능한 공약을 가려내는 것이 중요합니다.

| 우리 지역의 공약 이행률은 몇 점일까요? |

구체적으로 매니페스토란 정당 후보자가 당선되면 실천하겠다고 공약하는 구체적인 정책 서약서로, '정당이나 후보자가 실천 가능한 공약을 구체적으로 제시하고 유권자는 공약을 비교하여 투표하고 사후평가까지 이어지는 일련의 체계'라고 할 수 있습니다. 우리나라에서는 예산 확보, 구체적 실행 계획 등에 있어 이행이 가능한 선거 공약의 의미로 주로 쓰입니다.[39]

그렇다면 이런 매니페스토가 중요한 이유는 무엇일까요? 선거 공약은 시민들에게 한 공적인 계약이에요. 하지만 선거 때, 표를 얻기 위해 했던 거짓말, 무엇이든지 다 해주겠다는 사탕발림으로 선거에 당선이 되었다면 해당 약속 이행에 대한 책임을 분명히 물어야 합니다. 이러한 취지로 2008년 〈공직선거법〉이 개정되었습니다. 후보자의 정책 공약집 작성 및 배부, 언론의 정책 비교, 평가, 공표와 관련된 조항이 포함되면서 정책선거를 촉진하는 의무규정이 신설되었

....
39. https://www.miryang.go.kr/myr/index.do?mnNo=20102000000

죠. 또한 정책 중심의 선거 문화 조성과 유권자의 민주적이고 합리적인 판단을 돕기 위해 많은 시민단체가 노력하고 있습니다.

[매니페스토 평가기준 스마트(Smart) 지수]
▲ 공약의 구체성(Specific) ▲ 검증 가능성(Measurable)
▲ 달성 가능성(Achievable) ▲ 타당성(Relevant) ▲ 기한 명시(Timed)

특히 한국매니페스토 실천본부(http://manifesto.or.kr)와 같은 시민단체에서는 공약에 대한 평가를 발표하고 있답니다. 투명하게 공약 이행평가 결과를 발표함으로써 지역 주민, 시민보다는 정당 내 권력 줄서기, 개인의 이익이 앞서는 이기적인 정치에 책임을 묻는 것이죠.

매니페스토 평가단은 매해 12월 31일 기준으로, 국회의원 및 전국 17개 시·도 단체장, 교육감 대상으로 공약 이행완료, 공약목표 달성도, 주민소통, 웹 소통, 공약일치도 분야 등 5개 분야로 나눠, 이행 내용을 잘 실천하고 있는지 살펴봅니다. 이때 최우수인 SA부

[2021년도 시·도지사 공약이행 및 정보공개 종합평가 결과][40]

등급	80점 이상 광역지자체
SA (최우수)	대구광역시, 인천광역시, 광주광역시, 경기도, 충청남도, 경상남도

....
40. 한국매니페스토실천본부 보도자료, 2021.5.25.

터 D등급까지 5개 등급으로 분류하여 발표합니다.

특히 주민들과의 소통 분야, 민주적 절차 없이 공약의 내용을 바꾸었는가를 보는 공약 일치도에서 문제가 발견되면 심각한 계약 위반 사례로 보고 최저 등급으로 분류하고 있습니다. 우리 지역 대표에 대한 평가가 궁금하다고요? 각 지자체 홈페이지 및 한국매니페스토실천본부 홈페이지에 들어가면 자세히 살펴볼 수 있습니다.

📣 여기서 잠깐!

메니페스토, 학교에서도 할 수 있어요!

학교에서도 매년 전교 학생회장 선거를 하고 있죠? 이렇게 당선된 회장의 공약에 대해서 매니페스토를 적용하면 어떨까요? 실제 대전교육청에서는 한국매니페스토 실천본부와 함께 초·중·고등학교 매니페스토 우수사례를 발굴하여 시상하고 있습니다. 올해는 3개의 학교가 최우수 학교로 선정되었어요. 이렇게 학교에서도 학생회장, 학급회장이 내세우는 공약에 대해 매니페스토를 실천하고 평가한다면, 참다운 민주시민으로 성장하는 데 도움이 될 것입니다.

06 약속한 **공약을 지키지 않는** 후보자, 어떻게 감시할 수 있을까요?

| 선거 후 유권자가 할 일 |

선거에서 당선된 정치인의 활동에 대해 우리는 지속적으로 관심을 가져야 합니다. 과거에는 선거 기간 동안은 당선을 위해 뭐라도 다 해줄 것처럼 읍소하다가 막상 당선이 되면 그동안 했던 공약을 손바닥 뒤집듯이 뒤집는 정치인들이 많았어요. 그러니까 정치인들이 내놓는 장밋빛 공약은 제대로 지켜지지 않았습니다.

그래서 우리는 선거에서 약속한 공약을 제대로 지키고 있는지, 지역 주민들의 더 나은 삶을 위해 필요한 법안을 제안하고 있는지, 지역에 필요한 예산을 제대로 확보하고 있는지를 지속적으로 확인해야 합니다. 그럼 이제부터 우리 지역 국회의원 활동에 대해 한번 알아볼까요?

• STEP 1: 우리 지역 국회의원에 대해 알아보기

당선된 국회의원과 소속 정당과 상임위원회를 알아보기 위해서는 대한민국 국회 사이트 (www.assembly.go.kr, 국회 사이트 → 의원활동 → 국회의원현황)에 들어가면 됩니다. 여기서 당선된 국회의원을 확인할 수 있으며, 국회의원 약력, 정당, 소속위원회, 당선횟수, 사무실 전화 등도 살펴볼 수 있어요. 또 발언 영상 및 상임위원회 활동 내용을 비롯하여 해당 국회의원의 대표발의 법률안이 무엇인지도 알 수 있습니다. 뿐만 아니라 평소에 어떤 분야에 관심을 가지고 있으며 지역 주민의 의견을 수렴하여 제도적으로 해결하려고 하였는지를 파악할 수 있습니다.

• STEP 2: 우리 지역 국회의원이 대표 발의한 법안 알아보기

우리가 뽑은 국회의원은 개별 입법기관이자 헌법기관이에요. 당선된 국회의원은 지역 주민들에게 약속한 공약을 실현하기 위해 법을 만들고 예산을 확보해야 합니다. 공약을 제대로 실천하는지 보려면 일단 우리 지역 국회의원이 발의한 법안부터 살펴보아야 하지요. 우리 지역 국회의원은 공약을 지키기 위해 어떤 법률안을 발의했을까요?

- 방법 1: 대한민국 국회 사이트 → 의원활동 → 국회의원현황 → 대표발의 법률안
- 방법 2: 대한민국 국회 의안정보시스템 → 의안검색 → 간편검색 → 발의자/제안자 입력

국회 사이트의 대표발의 법률안   국회 의안정보시스템 발의자/제안자 검색

우리 지역 국회의원이 발의한 법률안을 클릭해보면, 제안 이유가 나와 있습니다. 제안 이유를 자세히 살펴보면, 지역에서 민원으로 제기되었거나 법 적용시 불편했던 점을 해결하기 위해 법률안을 제안한 이유가 상세히 서술되어 있습니다. 또한 법안 심사가 국회 과정에서 어떤 단계에 있는지 진행 단계가 표시되어 있습니다. 실질적인 실행 단계지요. 법안 제목과 제안 이유를 검색해보면 우리 지역의 국회의원이 어느 분야에 관심을 가지고 노력하고 있는지를 확인할 수 있습니다.

• STEP 3: 우리 지역 국회의원의 발언 확인하기
국회의원은 법률안을 제안하고 제정하는 걸어다니는 입법기관입

니다.

하지만 법안 제출 이외에도 위원회, 청문회, 공청회 등 국정을 감시하는 역할, 예산을 심의하는 역할도 하게 됩니다. 이 과정에서 우리 지역 국회의원이 지역 문제 해결을 위해 어떤 발언을 하였는지 확인할 수 있습니다.

국회 사이트 발언 영상   국회 회의록 시스템

국회 본회의뿐만 아니라 상임위원회, 국정감사, 공청회에서 어떤 주장을 했는지 금방 확인할 수 있습니다. 상임위원회나 본회의 기록을 통해 법률안 통과를 위해 우리 지역 국회위원이 얼마나 노력했는지도 확인 가능합니다. 현 정부의 정책 수행에 대한 점검 및 감사를 통해 검증하는 국정감사에서도 국회의원 발언 기록을 통해 우리 지역 국회위원이 약속한 공약을 지키기 위해 어떻게 노력하고 있는지를 확인할 수 있습니다. 또한 어떤 법안에 찬성 혹은 반대표를 던졌는지 살펴보는 것도 국회의원의 의정활동을 감시할 수 있는 방법입니다. 국회 홈페이지에서 의원별 법안 찬반 기록을 확인할 수 있습니다.

• 방법: 대한민국 국회 사이트 → 본회의 표결정보 → 의원별 메
뉴 → 이름 검색

표결이 있었던 회기, 법안별로 찬성과 반대, 기권 여부 등을 확인
할 수 있는데, 검색 방법을 표결 결과로 선택하고 찬성 혹은 반대를
입력해보면 해당 의원이 무슨 법안에 주로 찬성 및 반대를 했는지
금방 알 수 있습니다. 왜 그렇게 표결하였는지 물어보고 의견을 제
시할 수도 있어야 해요. 이렇게 지속적인 검증이 필요합니다.

• STEP 4: 우리 지역 국회의원에게 제안하고 싶은 것이 있다면?
우리 지역 국회의원이 지역 주민에게 약속한 공약을 지키지 않고 있
거나 우리 지역 주민의 의견에 반하는 발언을 한다면 어떻게 해야
할까요? 또는 제안하고 싶은 정책이 있다면 어떻게 하면 될까요?

대부분의 국회의원들은 지역 주민과의 활발한 의사소통을 위해
SNS를 활용하고 있습니다. SNS를 통해 주민과의 소통의 날을 운영
한다든지, 의정활동 관련 웹진을 발간하기도 해요. 이렇게 실시간으
로 지역 활동 사진과 의정활동 영상을 탑재하여 국회의원으로서 활
동을 알리고 있답니다.

우리는 제안하고 싶은 안건이 있거나 국회의원의 활동을 격려해
주고 싶을 때, SNS를 활용하여 댓글이나 '좋아요', '화나요' 등의 버튼
을 통해 의견을 전할 수 있습니다.

만약 SNS를 하지 않거나 접근하기 어려워서 국회의원 사무실 전화

나 이메일로 의견을 전하고 싶을 때는, 대한민국 국회 사이트(www.assembly.go.kr)를 활용해보세요. 국회의원을 검색하면 사무실 전화나 국회의원 이메일 주소, 사무실 주소가 공개되어 있어요.

　선거만 한다고 민주주의가 완성되지 않습니다. 유권자로서 투표권을 행사하는 것도 중요하지만 권리 행사 후에 나의 선택이 합리적인 선택이었는지 지속적인 관심이 필요합니다. 우리 지역 국회위원의 활동을 살펴보고 공약에 대한 이행 평가를 통해 다음 선거에서 지지 여부를 결정하는 과정이 중요합니다.

📢 여기서 잠깐!

낙선운동이 뭐예요?

공직선거에서 부적절한 후보자를 대상으로 탈락시키고자 하는 운동으로 미국, 캐나다, 독일, 영국 등의 나라에서는 시민 단체가 낙선운동을 벌이는 것을 흔히 볼 수 있습니다. 우리나라에서는 2000년 1월 전국 412개 단체들로 구성된 '총선시민연대'가 발족하여 제16대 국회의원 선거에 대해 부적절한 후보자에 대한 공천반대, 낙선운동을 전개할 것을 천명하고 86명의 낙선 대상자 명단을 발표했습니다. 이때 서명운동, 피케팅, 현수막 게시 등을 통해 특정 후보를 떨어뜨리고자 하는 운동을 전개했고 국민적 지지를 얻게 되었어요. 결국, 86명의 낙선 대상자 가운데 59명(68.6퍼센트)이 떨어졌고 특히 수도권에서는 20명의 낙선 대상자 중 19명이 탈락하면서 낙선운동의 위력을 드러냈습니다.

우리 지역의 국회의원의 활동을 감시하는 것은 사회에 관심을 가지고 문제를 해결하기 위해 함께 참여하고 실천하는 방법 중 하나입니다. 공약을 제시한 후보에게 주민들이 투표하면 민주주의가 완성되는 게 아니에요. 비판을 위한 감시가 아니라, 우리가 뽑은 지역의 대표와 함께 고민하고 정책에 대해 논의하는 과정이 될 수 있도록 우리의 적극적인 참여와 관심이 필요하답니다.

메타버스와 선거

코로나19 확산으로 메타버스(Metaverse)[41] 플랫폼을 활용한 정치 활동이 활발해지고 있습니다. 2022년 대통령 후보를 선발하는 경선을 앞두고 한 정당에서는 3차원 가상공간인 메타버스에 조성된 사무실을 대통령 선거 경선 후보들에게 배분했어요. 도대체 메타버스란 무엇이고, 선거와 무슨 관련이 있을까요?

먼저 메타버스에 대해 알아볼게요. 메타버스는 가상·초월을 뜻하는 메타(Meta)와 현실 세계를 뜻하는 유니버스(Universe)의 합성어로, 가상과 현실이 상호작용하며 진화하고 그 속에서 사회·경제·문화 활동이 이루어져 다양한 가치가 창출되는 세상입니다. 그러니까 온라인에서 구현한 3차원의 가상 세계로, 아바타로 살아가는 세상이지요. 그래서 사람들은 메타버스 플랫폼에서 자기가 되고 싶은 아바타를 만들어 다른 사람들과 소통하며 지내요. 많은 전문가는 앞으로의 세상은 메타버스가 주도할 것이라는 예측을 하고 있

---

41. 1992년에 미국 SF 소설가 닐 스티븐슨의 《Snow Crash》란 소설에서 처음 사용된 용어이다.

습니다. 잘 이해가 안 간다고요?

그럼 영화 〈레디 플레이어 원〉으로 설명해볼게요. 이 영화는 '로그인하는 순간 모든 것이 현실이 된다'라는 영화의 로고처럼, 메타버스에서는 상상이 현실이 돼요. 그 안에서는 누구나 무엇이든 될 수 있고 무엇이든 할 수 있습니다. 자신의 아바타를 정해서 원하는 얼굴, 머리 스타일, 외모, 복장 등을 선택해서 언제든지 모습을 바꿀 수 있을 뿐만 아니라, 성별, 연령, 외모, 국적까지 모든 것을 바꿀 수 있는, 진짜보다 더 매력적인 가상 세계입니다.

이러한 메타버스는 새롭게 변화하는 디지털 세상에서 가장 매력적인 세상이지요. 전 세계 수많은 사람들이 메타버스 플랫폼을 이용 중이며, 현재 네이버가 운영하는 제페토의 이용자 수는 2억 명이 넘습니다. 이렇게 전 세계인이 메타버스에 열광하는 이유는 자신만의 캐릭터를 만들어 다른 사람과 채팅과 음성으로 소통할 수 있기 때문입니다. K-POP 스타인 방탄소년단(BTS)이나 블랙핑크도 메타버스 공간에서 공연하며 팬들과 소통하고 있으며, 에스파의 경우에는 데

뷔할 때부터 메타버스 세계관을 가지고 데뷔를 했습니다.

현재 메타버스는 아바타를 이용해 노는 공간에만 머무르지 않습니다. 그 안에서 경제 · 문화 · 교육 활동 등 엄연한 사회로서 진화하고 있습니다. 이미 지난 미국 대통령 선거에서 조 바이든 미국 대통령은 선거운동에 가상공간을 활용한 바 있죠? 당시 바이든 후보는 전 세계적으로 인기를 끌던 닌텐도 게임 '모여봐요 동물의 숲'에 자신의 섬을 만들고, 이곳을 자신의 선거 캠프로 꾸몄습니다. 유권자들은 그의 섬에 찾아와 구경하거나 사진을 찍으면서 바이든의 선거운동에 자연스레 참여하게 되었습니다. 바이든 후보 지지자들은 VR 기기를 쓰고 접속해 선거 캠프 앞에 모여 바이든의 이름을 제창했다고 해요. 가상 세계에서 아바타가 선거운동을 한 것은 처음이었죠. 이들이 선거에 메타버스를 활용하는 것은 코로나19 확산으로 길거리 선거 유세가 쉽지 않은 데다 게임 등 온라인 콘텐츠에 익숙한 밀레니얼 세대의 표심을 잡기 위해서입니다.

선거 때에는 후보자가 유권자들과 악수하는 모습을 쉽게 볼 수

있었죠? 그런데 코로나19의 감염 위험 때문에 악수 정치가 사라진 상황에서, 비대면 선거운동이 본격화되면서 메타버스 정치가 시작되었습니다.

2020년 메타버스를 활용한 미국의 선거운동

　앞으로 우리는 메타버스 안에서 후보자를 만나서 의견을 듣고, 공약 발표 및 기자회견에도 참석할 수 있습니다. 근엄하고 엄숙한 후보가 아니라 친근한 아바타를 만나 메타버스에서 부족한 스킵쉽을 대체할 것입니다. 앞으로 선거 전략에서 메타버스를 활용하는 사례는 점점 늘어날 것입니다.

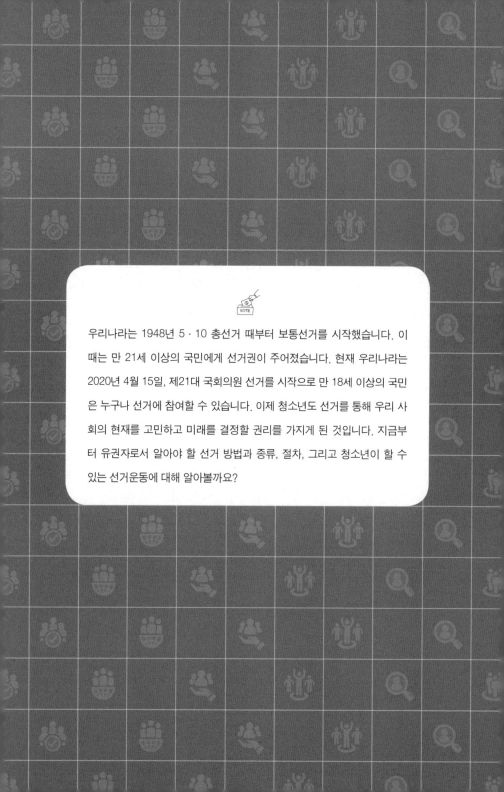

우리나라는 1948년 5·10 총선거 때부터 보통선거를 시작했습니다. 이때는 만 21세 이상의 국민에게 선거권이 주어졌습니다. 현재 우리나라는 2020년 4월 15일, 제21대 국회의원 선거를 시작으로 만 18세 이상의 국민은 누구나 선거에 참여할 수 있습니다. 이제 청소년도 선거를 통해 우리 사회의 현재를 고민하고 미래를 결정할 권리를 가지게 된 것입니다. 지금부터 유권자로서 알아야 할 선거 방법과 종류, 절차, 그리고 청소년이 할 수 있는 선거운동에 대해 알아볼까요?

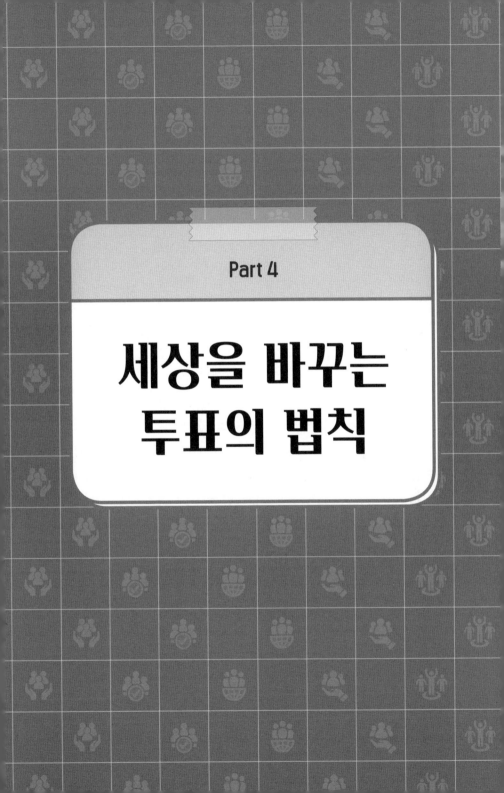

Part 4

세상을 바꾸는
투표의 법칙

01 투표는 어떻게 하나요?

| 투표로 바꾸는 세상 |

여러분이 바라는 세상은 어떤 모습인가요? 현재 여러분이 꿈꾸는 세상에서 살고 있나요? 우리는 우리가 사는 세상을 좀 더 행복하고 살기 좋게 바꾸기 위해 정치에 참여합니다. 하지만 우리는 직접 정치에 참여할 수 없기 때문에 선거를 통해 대표자를 선출합니다. 선출된 대표자는 국민의 의사와 이익을 정치에 반영하려고 애씁니다.

우리나라는 2020년 제21대 국회의원 선거부터 만 18세가 된 청소년에게 선거에 참여할 수 있는 선거권을 부여했습니다. 이제 청소년도 우리 사회의 현재를 고민하고 미래를 결정하는 소중한 한 표를 행사할 수 있게 되었지요. 현재 우리가 한 사람의 유권자로서 참여할 수 있는 선거는 대통령 선거, 국회의원 선거, 지방자치단체의 장 선거, 지방의회 의원 선거 등이 있습니다. 그렇다면 투표는 어떻게 하는 걸까요?

선거에서 한 표를 행사하기 위해서는, 먼저 선거일이 언제인지 확인해야 합니다. 그다음 투표소에 가기 전에 두 가지를 꼭 확인해야 해요.

첫째, 내 선거구가 어디인지 확인(배송된 우편물 또는 선거관리위원회 홈페이지)한 후, 투표소가 어디인지 확인해야 합니다. 투표는 반드시 지정된 장소에서만 할 수 있으므로 투표소를 꼭 확인해주세요. 투표는 오전 6시부터 오후 6시까지 가능하니 시간도 기억해두세요.

둘째, 신분증을 꼭 챙겨가야 합니다. 인정되는 신분증 종류에는 주민등록증, 여권, 운전면허증, 공무원증, 국가유공자증, 장애인복지카드, 외국인등록증, 자격증, 학생증 등이 있습니다.

| 투표소에서 투표하는 방법 |

투표소에 도착하면 당황하지 말고 아래와 같은 단계로 투표를 진행하면 됩니다.

• STEP 1: 신분증 보여주고 선거인명부 확인하기
만 18세 이상의 국민은, 관할 구역의 주민으로 등록되어 있습니

투표하는 방법

④ 기표소에 들어가서 투표용지에 기표용구로 투표를 합니다.

③ 투표용지를 받습니다.

② 선거인명부에 이름을 쓰거나 (손)도장을 찍습니다.

① 신분증을 보여줍니다.

한 번만 찍습니다.

내용이 안 보이게, 투표용지를 접습니다.

⑤ 투표용지를 투표함에 넣습니다.

⑥ 다 끝나면 나가면 됩니다.

줄서서 기다리다가 차례가 되면 들어갑니다.

다. 따라서 선거권자를 대상으로 한 '선거인명부'에 등록되어 있습니다. 선거인명부에는 선거권자의 '성명, 주소, 성별, 생년월일' 등이 기록되어 있고, 이 명부를 토대로 '신분증'과 대조하여 본인 확인을 합니다. 이때 선거인명부 등재번호를 알고 가면 절차가 좀 더 빠르게 진행될 수 있어요. 확인 후에는 선거인명부에 이름을 쓰거나 (손)도장을 찍습니다.

• STEP 2: 투표용지 받기
선거인명부 확인이 끝나면 투표용지를 받습니다. 국회의원 선거라면 총 2장을 받습니다. 지역구 국회의원 투표용지 1장, 비례대표 국회의원 투표용지 1장으로 각각 색깔이 다른 투표용지 2장을 받게 되니 꼭 확인하세요.

• STEP 3: 기표소에서 투표하기
보통 투표소에는 기표소가 여러 개가 설치되어 있습니다. 표시선에서 차례를 기다려 기표소로 들어가서 투표용지에 기표용구를 이용하여 투표를 합니다. 기표용구는 '⓵' 표시가 되어 있어요. 기표용구는 지지 후보가 있는 빈칸에 한 번만 찍어야 해요.

　여기서 잠깐! 투표용지에 볼펜으로 후보자의 이름을 쓰거나 응원하는 표시를 하거나 다른 것으로 찍으면 무효표가 되니 꼭 기표소 안에 있는 기표용구를 이용하세요. 투표가 끝난 후에는 투표용지를 접어서 기표소 밖으로 나옵니다.

◀◉ 여기서 잠깐!

투표 방식 초 간단 정리

- 나의 선거구를 확인한다(배송된 우편물에서 확인하거나 선거관리위원회 홈페이지에서 선거구를 확인한다).
- 투표 당일에 신분증을 꼭 지참한다.
- 투표장에 가서 기표원의 안내에 따라 인적사항을 확인하고, 투표용지를 받는다.
- 기표소 칸에 들어가 기표용구를 이용하여 투표용지에 투표한다.
- 투표용지를 잘 접어서 투표함에 넣는다.

★ 꼭 챙겨야 할 준비물: 신분증

⬧ STEP 4: 투표용지를 투표함에 넣기

접은 투표용지는 투표함에 넣고 투표소 밖으로 나옵니다.

| 투표를 잘하는 방법 |

막상 투표용지를 받으면 '혹시 기표용구로 찍을 때 실수하면 어쩌지?'라는 생각이 들 수 있습니다. 여러 차례 투표를 한 성인도 살짝 긴장되거든요. '칸이 좁은데 기표용구를 칸 안에 잘 넣을 수 있을까? 칸을 넘으면 어쩌지? 잉크가 번지면 어쩌지? 기표 도장 모양

이 번지면 어쩌지? 혹시 접어서 넣을 때 잉크가 위쪽에 묻으면 어쩌지?' 여러 가지 생각이 들지요. 투표가 처음인 청소년은 더 긴장될 수도 있습니다.

투표용지 일부에 대해, 어쩔 수 없는 경우 실수를 인정해주기도 한답니다. 이를 유효투표라고 하지요. 다음 그림을 보며 유효투표의 사례를 살펴볼까요?

그림 1은 ○표가 일부분 표시되었으나 약간 흐릿합니다. 하지만 정규 기표용구임이 명확해서 유효투표로 인정합니다. 그림 2는 한 후보자(기호·정당명·성명·기표)란에만 두 번 이상 기표된 것으로 유효투표로 인정됩니다. 그림 3은 기표 도장 모양이 2개네요? 그런데 후보자 외의 여백에 표시되었고 접선되지 않았습니다. 이럴 경우 유효투표로 인정됩니다. 그림 4도 기표 도장 모양이 2개입니다. 그런데 상하가 다르고 대칭인 것을 보면 투표용지를 접어 제출하다가

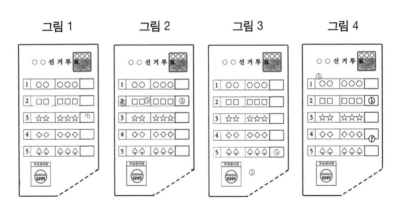

자료: 중앙선거관리위원회

잉크가 마르지 않아서 발생한 것으로 추정됩니다. 이와 같이 눈으로 식별할 수 있을 경우 유효투표지로 인정됩니다.

반대로 인정받지 못하는 투표 사례도 있습니다. 다음 그림을 보며 무효투표의 사례를 함께 살펴보아요.

그림 5는 후보자의 칸을 벗어나 기표용구를 찍었습니다. 이런 경우에는 어느 후보자에게 투표했는지 육안으로 판별하기 어렵기 때문에 무효투표가 됩니다. 그림 6은 서로 다른 후보자(기호 · 정당명 · 성명 · 기표)란에 2개 이상의 ◐를 한 것으로, 무효투표가 됩니다. 그림 7은 기표용구를 너무 잘 찍었는데, 투표용지에 '공명선거'라는 글자를 썼어요. 이렇게 투표용지에 후보자를 지지하는 문자 표현(좋다, 나쁘다, 공명선거 등) 또는 물형(○, □, V, X, △ 등)를 해서는 안 돼요. 이럴 경우에는 모두 무효투표가 됩니다. 그림 8은 투표용지에 선거인의 이름을 기입했습니다. 이렇게 선거인의 이름을 기입

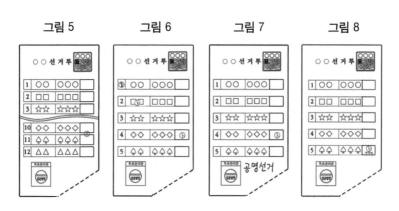

자료: 중앙선거관리위원회

하거나 정규 기표용구가 아닌, 펜 등 다른 용구를 사용하면 무효표가 됩니다.

이제 투표용지에 제대로 투표하는 방법을 알았죠? 자, 이제 다가올 선거에서 뽑고 싶은 후보자가 있나요? 그렇다면 우리의 소중한 한 표가 무효표가 되지 않도록 유의하며 투표에 참여해보세요.

선거일에 투표소를 갈 수 없으면 어떻게 하나요?

| 투표소에 가지 않고 하는 거소투표 |

앞서 선거를 어떻게 하는지 알아보았습니다. 그런데 선거날 선거를 할 수 없는 상황에 처해 있다면 어떻게 될까요? 투표를 할 수 없는 걸까요? 예를 들어 병원에 입원하여 투표소에 갈 수 없는 상황이라면 거소투표를 하면 됩니다. 거소투표란 투표소에 직접 가지 않고 우편으로 투표할 수 있는 부재자투표 방식을 말합니다. 여기서 거소(居所)란 일정하게 자리를 잡고 살고 있는 장소를 말하는데요. 선거일 전에 미리 발송 받은 투표용지에 기표한 후 이를 회송용 봉투에 넣어 선거관리위원회로 보내면 됩니다.

선거 공고일에 영내 또는 함정에 장기 기거하는 군인, 병원, 요양소, 수용소, 교도소 등 선거관리위원회 규칙에서 정하는 교통이 지극히 곤란한 지역에 거주하는 사람, 신체에 중대한 장애가 있어 거동할 수 없는 사람, 부재자 투표소를 설치할 수 없는 지역에 장기 기거하는 사람 등 일정한 사유가 있으면 거소투표를 할 수 있습니다.

이때 병원과 요양소, 수용소, 구치소, 교도소의 경우 해당 시설에 근무하는 의사나 간호사, 교도관 등은 거소투표 대상에서 제외된다고 해요. 이들이 거소투표를 하기 위해서는 부재자신고인명부에 등재되어 있어야 합니다. 부재자신고를 하려면 거소투표 사유, 성명, 성별, 생년월일, 주소와 거소 등을 작성해서, 주소지의 관할 소속기관장의 확인을 받아야 해요. 이렇게 하면 부재자신고인명부에 등재

거소투표 방법

① 거소투표를 신고한다
(전자우편, 팩스, 문자 등).

② 우편으로 거소투표용지와
회송용 봉투를 받는다.

③ 투표용지에 기표한 후
회송용 봉투에 담아 봉합한다.

④ 우체국에서
가져간다.

될 수 있습니다. 무엇보다 거소투표는 투표소를 방문해 투표를 하지 못하는 만큼, 그 대상자가 엄격히 제한됩니다.

| 바다 위에서 하는 선상투표 |

선상투표는 선원을 대상으로 선상에서 이루어지는 투표입니다. 선거권이 있는 선원이 자신의 근무환경으로 인하여 투표를 하지 못하는 것을 방지하기 위한 것이지요. 이때 선원은 선박에 설치된 팩스(일반 FAX와 달리 비밀투표가 보장된다)로 투표할 수 있습니다. 선원들이 선거에 참여하여 헌법에 규정된 국민의 참정권을 실현하도록 한 이 투표 방식은 2012년 제18대 대통령 선거에서 처음 시행되었습니다.

선상투표를 하기 위해서는 사전 신고가 필요합니다. 선박에 승선할 예정이거나 승선하고 있는 선원 중 사전투표 및 선거일 당일 투표를 할 수 없는 사람이라면 선상투표 신고가 가능합니다. 단, 선상투표를 시행하려면 선장이 대한민국 국민이어야 한다는 아주 중요한 조건이 있습니다. 선장이 대한민국 국민이라면 선박의 국적은 따지지 않아요.

신고서는 주민등록이 등록된 읍·면사무소, 동주민센터로 직접 제출하거나 우편으로 발송하면 됩니다. 이미 선박에 승선한 선원이라면 선장의 확인을 받은 선상투표 신고서를 팩스로 제출할 수 있

선상투표 방법

① 신분증을 보여주고,
투표용지를 받습니다.

② 기표소에 들어가서 투표용지에
기표용구로 투표를 합니다.

③ 투표자의 주민등록지 관할 구·시·군 선거관리
위원회에 직접 팩스로 투표용지를 전송합니다.

④ 투표자의 주민등록지 관할 구·시·군
선거관리위원회로 투표용지를 보냅니다.

어요.

  대통령 선거의 선상투표 신고 기간은 선거일 전 28일부터 5일 이내에, 국회의원 선거와 지방자치단체의 의회 의원 및 장의 선거 시 선상투표 신고 기간은 선거일 전 22일부터 5일 이내입니다. 선상투표 신고는 선거인명부 작성 기간 동안 이루어지며, 선거인명부 작성기간은 선거인명부 작성 기준일부터 5일 이내입니다. 선거인명부 작성 기준일은 대통령 선거에서는 선거일 전 28일, 국회의원 선거와 지방 자치단체의 의회 의원 및 장의 선거에서는 선거일 전 22일입니다.

| 선거일 전에 할 수 있는 사전투표 |

사전투표란 선거 당일에 투표할 수 없는 유권자가 부재자신고를 하지 않고도, 정해진 기간 동안 전국의 사전투표소에서 투표할 수 있도록 하는 제도를 말합니다. 이 점에서 거소투표와 차이가 있지요. 사전투표는 선거일 전 5일부터 2일간(금요일, 토요일) 진행되는데, 별도의 신고 없이 전국에 설치된 사전투표소 어디에서나 투표가 가능합니다. 만일 선거 당일에 특별한 사정이 생긴다면 꼭 사전투표를 이용하는 것이 좋습니다.

사전투표소는 읍·면·동마다 설치되어 있는데 선거관리위원회 홈페이지에서 확인하면 됩니다. 단, 한 가지 선거일 투표와 다른 점이 있는데, 사전투표를 어디서 하는지에 따라 '관내선거인'과 '관외선거인'으로 구분됩니다. 자신이 사는 동네에서 사전투표를 한다면 '관내선거인' 투표용지에 기표한 후 투표함에 넣으면 됩니다. 반대로 자신이 사는 동네가 아닌 곳에서 사전투표를 한다면 '관외선거인' 투표용지를 '회송용 봉투'에 넣은 다음에 투표함에 넣어야 합니다. 투표소 입구에서 안내 도우미의 도움을 받을 수 있으니 잘 모르겠으면 꼭 물어보세요.

해당 구 · 시 · 군 선거관리위원회의 관할 구역에 주소를 둔 선거권자

신분증을
제시하고
본인 확인을
합니다.

투표용지 2장
(지역구, 비례대표)
을 받습니다.

기표소에 비치된
기표용구로
투표(정당, 후보자)
를 합니다.

투표함에
투표용지를
넣고 투표소를
나갑니다.

관외선거인

해당 구 · 시 · 군 선거관리위원회의 관할 구역 밖에 주소를 둔 선거권자

신분증을
제시하고
본인 확인을
합니다.

투표용지 2장
(지역구, 비례대표)과
회송용 봉투
(주소 라벨 부착)를
받습니다.

기표소에 비치된
기표용구로 투표
(정당, 후보자)하고
회송용 봉투에
넣어 봉합니다.

투표함에
회송용 봉투를
넣고 투표소를
나갑니다.

03 외국에 사는 친척도 투표할 수 있나요?

| 해외에서도 할 수 있는 재외선거 |

외국에서도 대한민국 국민이라면 투표할 수 있습니다. 바로 재외선거를 통해서입니다. 재외선거란 국외에 거주하거나 체류하는 유권자가 해외에서 참여하는 선거를 말합니다. 2009년 2월 〈공직선거법〉 개정으로 도입된 이 투표 방식은 해외에 거주하는 재외국민이나, 선거 기간 해외에 머무르는 국민이 대상이 됩니다.

반드시 하나의 국적을 결정해야 하는 '국적 선택 기간'에 놓인 복수국적자도 재외선거 참여가 가능하지만, 이후 외국 국적을 취득하게 되면 대한민국 국적 상실에 따라 선거권도 사라지게 돼요. 헷갈린다고요? 그럼 선거권자를 정리해 볼 테니 외국에 사는 친척들에게 잘 알려주세요.

	재외선거인	국외부재자	
선거권자	국내에 주민등록이 되어 있지 않은 사람	재외국민 주민등록자	주민등록자(재외국민 주민등록자 제외)
참여 가능 선거	• 대통령 선거 • 임기 만료에 따른 비례대표 국회의원 선거	• 대통령 선거 • 임기 만료에 따른 비례대표 국회의원 선거	• 대통령 선거 • 임기 만료에 따른 국회의원 선거 (비례대표+지역구)

재외선거인이 투표에 참여하기 위해서는 먼저 등록 신청 기한까지 재외선거인 등록을 해야 해요. 재외선거인 등록 신청 기한은 선거일 전 60일까지입니다. 위의 표에서처럼 등록 대상은 주민등록이 되어 있지 않은 사람으로 외국에서 투표하려는 선거권자입니다. 재외선거인 등록신청은 서면이나 전자우편, 재외선거 선거관리위원회 홈페이지(http://ova.nec.go.kr)를 통해서 미리 신고 · 신청을 하면 됩니다.

국외부재자가 투표에 참여하기 위해서는 국외부재자 신고 기간까지 국외부재자 신고서를 제출해야 합니다. 신고 기간은 선거일 전 150일부터 선거일 전 60일까지예요. 신고 대상은 사전투표 기간 개시일 전에 출국하여 선거일 후에 귀국이 예정된 사람, 외국에 머물거나 거주하여 선거일까지 귀국하지 않는 사람이 됩니다. 국외부재자 신고 역시 서면이나 전자우편, 선거관리위원회 홈페이지를 통해서 가능합니다.

투표는 해당 국가의 대사관이나 영사관 등에 설치된 재외투표소에서 할 수 있어요. 재외투표소는 '선거일 전 14일부터 선거일 전 9일까지의 기간 중 6일 이내의 기간'을 정해 진행되는데, 재외투표소별로 기간을 달리 정할 수 있습니다.

재외투표소는 공휴일과 관계없이 매일 오전 8시에 열고 오후 5시에 닫습니다(재외선거관리위원회는 선거일 전 20일까지 재외투표소의 명칭과 소재지, 운영 기간 등을 인터넷 홈페이지 등에 공고). 그런데 재외선거가 다른 선거와 다른 점은, 대통령 선거와 임기 완료된 국회의원 선거만 가능하다는 것입니다. 재외선거의 특성상 준비 기간이 많이 필요하고 선거 준비 비용이 많이 들기 때문입니다.

재외선거를 할 때는 신분증명서나 국적확인서류(재외선거인)를 지참해야 합니다. 신분증명서에는 사진이 첨부된 여권, 주민등록증, 공무원증, 운전면허증 등이 있으며 사진과 성명, 생년월일이 기재된 거류국 정부가 발행한 증명서도 가능해요. 재외선거인은 영주권 증명서와 비자 등 외국 국적을 취득하지 않았음을 증명할 수 있는 서류가 필요합니다. 만일 국적확인 서류에 사진이 없다면 사진이 첨부된 다른 신분증명서를 함께 지참해야 합니다.

📢 여기서 잠깐!

재외선거 시 주의할 점

멀리서 보내는 소중한 한 표가 무효표가 되지 않기 위해서는 이런 점을 주의하세요.

- 재외투표소에서 교부한 투표용지 또는 회송용 봉투를 사용하지 않은 것
- 기표 후 회송용 봉투를 봉함하지 아니한 채로 투표함에 투입하여 발송된 것
- 선거관리위원회의 기표용구가 아닌 용구로 표를 한 것
- 2곳에 걸쳐 표를 하거나 2곳 이상의 칸에 표를 한 것
- 표를 하지 않고 문자나 물형(○, □, V, X, △ 등)을 표시한 것
- 표 외에 다른 사항을 기입한 것

04

고등학교 3학년은 모두
투표할 수 있나요?

| 만 18세 학생도 유권자라고? |

아테네 출신 성인 남자만 가능했던 참정권은 프랑스 시민혁명 이후에는 백인 남성 시민들의 선거권으로 확대되었어요. 시민혁명은 말 그대로 '시민'의 인권을 찾기 위한 것이었지만 남성들의 인권만 찾은, 반쪽짜리 혁명이었습니다. 그렇다면 '시민'이 모두 선거권을 가지게 된 건 언제부터일까요? 여성들은 19세기 후반 선거권을 얻기 위해 꽤 긴 시간 투쟁해야 했습니다. 유엔총회에서 여성 참정권 협약이 채택된 이후부터 대부분의 민주주의 국가에서 참정권을 보장하여 여성도 선거에서 한 표를 행사하는 선거권을 가질 수 있게 된 것이지요. 그런데 사람들은 왜 이렇게 선거권을 갖고자 노력을 해왔을까요?

바로 선거권을 가져야 자신의 권리를 행사할 수 있고, 그래야 인권을 보호받을 수 있다는 생각 때문이었습니다. 지금은 이렇게 중요한 선거권을 '성인 시민'이라면 모두가 갖게 된 셈인데요. 그렇다면 '성인'은 언제부터일까요? 여러분들은 언제부터가 적당하다고 생각하나요? 초등학교 6학년인 만 12세? 아니면 중학교 3학년인 만 15세? 아니면 고등학교 3학년인 만 18세?

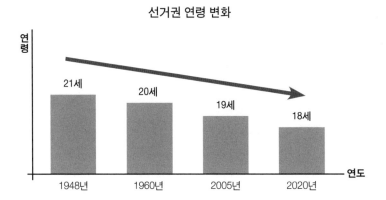

선거권 연령 변화

우리나라는 2020년 제21대 국회의원 선거부터 고등학교 3학년인 만 18세는 선거권을 행사할 수 있게 되었어요. 제21대 국회의원 선거에서는 선거 다음 날이 생일인 학생까지 투표를 할 수 있었던 만큼 2022년 대통령 선거도 선거일 다음 날이 생일인 학생까지 투표권을 행사할 수 있을 것으로 추정됩니다.

이제 만 18세 이상 청소년도 투표를 할 수 있는 선거권이 생겼습니다. 이전까지는 정치는 나와 상관없는 일이라고 생각했을 수도 있지만 이제부터는 청소년이 처한 현실적인 문제를 함께 고민해주고 해결해줄 수 있을 만한 정책을 내놓는 후보자에게 관심을 가져야 합니다.

A: 고교학점제가 시작되면 정시가 과연 필요할까?
B: 대학 입시 제도에서 수시와 정시 비율은 어떻게 구성되어야 할까?
C: 학교에서 행복하게 배울 수 있으려면 어떤 제도가 뒷받침되어야 할까?
D: 우리의 진로를 마음껏 펼칠 수 있도록 도움이 되는 제도는 누가 만들까?
E: 청년 실업 해소를 위해 일과 직업 분야에서 어떤 정책이 마련되어야 할까?

예를 들어 A~E와 같은 생각은 청소년이라면 누구나 한 번쯤 할 만한 고민들입니다. 여기에 대한 새로운 대안이나 정책을 내놓는 후보자가 있다면 엄청난 관심이 가겠지요. 그렇게 되면 청소년 스스로 자신들의 문제에 대해 목소리를 높일 수도 있게 될 것입니다.

| 선거 후보자와 우리의 선택 |

선거는 유권자만 있는 게 아니라 후보자가 있어야 하고, 선거운동도 해야 하며, 투표와 개표절차를 거쳐 마지막에 당선인도 결정됩니다. 그렇다면 선거에 출마하는 후보자가 되기 위해서는 어떤 과정을 거칠까요?

먼저 선거에 출마하고자 하는 사람은 후보자 등록을 합니다. 후보자 등록은 후보자가 되기 위해서 법에서 정한 서류를 갖추어 선

거관리위원회에 등록하는 절차를 말합니다. 정당 추천 후보자의 등록은 대통령 선거와 비례대표 의원 선거의 경우 후보자를 추천하고자 하는 정당이 신청하고, 그 외의 선거와 무소속 후보자는 후보자 본인이 신청합니다. 비례대표 의원 선거 후보자 등록은 추천 정당이 그 순위를 정한 후보자명부를 함께 첨부해 신청합니다.

선거관리위원회는 후보자 등록 신청서류를 받아, 요건을 갖췄는지 심사한 후 접수받고 후보자를 공고합니다. 후보자 등록을 신청할 때는 후보자 등록의 성실성을 담보하기 위해 '기탁금'을 납부해야 합니다. 후보자가 선거에서 일정한 비율 이상 득표하게 되면 기득표 비율에 따라 기탁금의 전액 또는 반액을 돌려받습니다.

투표 한 번으로 마법 같은 정책이 펼쳐지지는 않습니다. 어떤 정책은 예상한 것보다 빠르게 실현되기도 하고 어떤 정책은 우리의 생각과 다른 방향으로 진행되어 난항을 겪을 수도 있기 때문이지요. 몇 번 이런 일을 겪고 나면 정부나 정책을 진행하는 국회의원에게 실망하는 일이 생기기도 하고, 정치에 무관심하게 되기도 합니다.

그런데 이런 틈에 우리와 다른 입장을 가진 사람들이 권력을 가지게 되면, 우리가 바라던 정책은 영영 기회를 잃어버리거나 아주 다른 방향으로 실현될 수 있습니다. 그래서 우리는 우리의 권리를 행사하는 투표를 할 때 선거인으로서 내가 바라는 세상을 만들기 위해 노력하는 사람을 뽑아야 하고, 뽑힌 사람이 자신이 주장했던 정책을 실현하기 위해 노력하는지 계속 관심을 두고 살펴봐야 합니다. 한 장의 투표로 모든 것을 바꿀 수는 없지만 우리가 생각했던

것을 현실로 만들 수 있도록 지지할 수는 있습니다.[42]

📢 여기서 잠깐!

선거비용 보전 제도

선거비용 보전 제도란 선거가 끝난 뒤 선거운동에 들어간 돈(홍보물 제작비, 방송 광고·연설비, 운동원 인건비 등)을 국가가 갚아주는 제도를 말합니다. 〈공직선거법〉에 따라 대통령 선거, 국회의원 선거, 지방자치단체의 장 선거, 지방의원 선거 등에서 유효투표 총수의 15퍼센트 이상을 득표한 후보에게는 기탁금과 선거비용 전액을, 10~15퍼센트 이내 유효 득표한 후보에게는 선거비용의 절반을 돌려줍니다. 10퍼센트 미만은 한 푼도 돌려받지 못합니다.

보통 유력 정당의 후보는 선거 후 선거비용을 대부분 보전받을 수 있지만 새롭게 정치를 시작하는 정치인들은 선거비용을 보전받기가 쉽지 않습니다. 그래서 자신을 지지해주는 기업가나 자산가로부터 기부금을 받기도 합니다.

---

42. 선거연수원, 〈키워드로 보는 정치 선거 이야기〉, 중앙선거관리위원회 선거연수원, 2020.

05 유권자는 후보자를 어떻게 선택하나요?

| 만 18세부터 할 수 있는 선거운동 |

2020년 제21대 국회의원 선거부터 만 18세 이상 국민이면 누구나 선거에 참여할 수 있게 되었습니다. 하지만 관련 입법을 앞두고 뚜렷한 가이드라인이 마련되지 않아 학교에서는 선거교육 및 선거운동을 어디까지 허용해야 하는지 난감했습니다. 그래서 선거관리위원회에서는 2020년 제21대 국회의원 선거에 참여할 수 있는 고등학교 3학년 학생을 위해 몇 가지 지침을 정리했습니다.[43]

그렇다면 만 18세가 넘은 학생들이 할 수 있는 선거운동에는 무엇이 있을까요? 먼저 선거권자로서 정당에 가입하거나 직접 선거운동

---

43. 김효정, 〈"학교 운동장은 합법, 교실은 위법"…선거운동, 어디까지 허용?〉, 《MoneyS》, 2020.2.8.

을 할 수도 있습니다. 당원으로 가입해 당비를 납부하거나 후원금을 기부할 수 있으며 메신저나 SNS 등을 이용한 선거운동이 가능합니다. 뿐만 아니라 선거사무 관계자나 연설자로도 활동할 수 있고 후보자와 함께 다니며 명함을 건네거나 지지를 호소할 수도 있습니다.

하지만 교내에서는 선거운동이 제한됩니다. 선거와 관련해 단순한 의사 표시를 하거나 개별적으로 대화하는 방법으로 선거운동을 하는 것은 가능하지만 여러 학생을 대상으로 지지 연설을 하거나 선거운동을 목적으로 모임을 주최하는 것은 불가능합니다. 또 학생 유권자는 선거운동을 목적으로 학교에서 모양과 색상이 동일한 모자나 옷을 착용해서도 안 됩니다. 이렇게 유권자라면 누구나 선거운동을 할 수 있지만 공무원과 교사는 법에서 정한 정치적 중립을 지켜야 하는 사람에 포함되기 때문에 선거운동을 할 수 없습니다.

이 뿐만 아니라 선거운동과 관련해서는 많은 주의가 필요합니다. 특히 선거운동을 하려면 만 18세가 지나야 합니다. 만약 만 18세가 되지 않은 학생이 선거운동에 참여하면 불법이 될 수 있으니 각별히 조심해야 합니다. 선거운동은 문자 메시지, 카카오톡, 인스타그램 등 다양한 방법으로 할 수 있으나 문자 메시지를 보낼 때는 한 번에 20명이 넘는 사람에게 보내거나 프로그램을 이용하여 동시에 발송하는 것은 금지하고 있습니다. 이런 행동을 하면 처벌 대상이 될 수 있으니 유의해야 합니다.[44]

....

44. 선거연수원, 《만 18세, 대한민국 유권자가 되다!(교사용)》, 중앙선거관리위원회 선거연수원, 2020.

학교에서의 공직선거법 위반 기준		
가능한 행위	주체	불가능한 행위
• 문자 · 유튜브 · SNS 를 활용한 선거운동 • 소속 학급에서의 선거운동 • 학생 사이의 단순한 의견 교환 • 정당 가입 • 정치자금 기부	만 18세 학생	• 현수막 부착 (선거 전 180일째부터) • 선거운동 목적의 2개 이상 교실 방문 연설 (후보자 등으로부터 지정받으면 예외) • 선거운동 목적의 모임 · 집회 개최 • 교실에서 녹음기를 활용한 선거운동 • 교내 방송시설 이용한 선거운동 • 후보자 비방글 온라인 게시 • 동아리 등 단체 차원의 지지선언 • 후보자 등을 초청해 대담 · 토론회 진행
• 교육 목적으로 정당 · 후보자와 관련해 보편적으로 승인된 역사적 사실 전달	교사	• 특정 정당 · 후보자에게 유 · 불리한 발언 • 만 18세 학생 대상 모의 선거 • 선거운동 목적의 2개 이상 교실 방문 • 정당 가입 • 특정 정당에 대한 후원금 모금 안내
• 학교에서의 명함 배부 • 학교에서의 연설 · 대담	후보자 (예비 포함)	• 학교 관리자 의사에 반하는 교내 선거운동 • 학생에게 선거운동 관련 아르바이트 알선 • 학생에게 선거운동 대가로 금품 제공

자료: 중앙선거관리위원회

| 만약 후보자가 교실에 방문한다면? |

그런데 만약 국회의원 후보자가 학교에 방문하면 어떻게 될까요?

〈공직선거법〉에 따라 국회의원은 도로나 시장, 대합실 등 많은 사람이 오고 가는 장소에서는 선거운동이 가능합니다. 그래서 학교 운동장은 공개된 장소로 볼 수 있기 때문에 원칙적으로는 후보자가 선거운동을 할 수 있습니다. 다만 학교 운동장과 같이 공개된 교내 공간이라도 학교 관리자의 의사에 반해 선거운동을 하는 것은 허용되지 않습니다.

반면 후보자가 직접 학생들이 있는 교실을 찾아가 지지를 호소하는 것은 불법입니다. 교실이나 교무실을 방문하는 것은 선거법에서 금지하는 호별 방문에 해당되기 때문입니다.

공직선거법 제106조(호별방문의 제한) 제1항

누구든지 선거운동을 위하여 또는 선거 기간 중 입당의 권유를 위하여 호별로 방문할 수 없다.

공직선거법 제255조(부정선거운동죄) 제1항

선거운동 기간 중 어느 하나에 해당하는 자는 3년 이하의 징역 또는 600만 원 이하의 벌금에 처한다.

대법원 판례는 학교의 경우 출입할 수 있는 사람은 교직원과 학생, 학부모 등으로 한정되며, 업무를 위한 장소이므로 '다수인이 왕래하는 공개된 장소'가 아니라고 판시하고 있습니다.

이를 위반할 경우 3년 이하의 징역 또는 600만 원 이하의 벌금에

법정 선거운동 기간

친구나 지인을
만나서 직접
투표나 지지를
부탁합니다.

집회, 모임에
이르지 않고
다수가 왕래하는
공개장소에서
말로 지지를 호소합니다.

전화로 정당과
후보자에 대한 응원
을 부탁합니다.

정당이나
후보자의
선거사무원으로
활동합니다.

평상시

문자 메세지로
정당과 후보자에
대한 응원을
부탁합니다.

선거와 관련된 내용의
동영상을 사이트에
올립니다.

선거와 관련된
메시지를 SNS를
통해 리트윗,
공유의 방법으로
전달합니다.

선거와 관련된
메시지를
게시판이나
블로그에
올립니다.

처해집니다. 이는 학생 유권자에게도 적용됩니다. 선거법이 '누구든 지 선거운동을 위해 호별로 방문할 수 없다'고 명시하고 있기 때문 인데요. 선거관리위원회는 이와 관련 학생 유권자의 경우 자신이 속 한 반을 제외한 1곳까지는 선거운동이 가능하다고 설명했습니다.

📢 여기서 잠깐!

아직 누구에게 투표할지 모르겠다고요?

지지하는 정당이 없는 사람들도 많아요. 투표일이 임박해도 어느 정당 어느 정치인에게 투표할지 정하지 않는 사람들도 있어요. 이들은 대부분 정치 상황과 이슈, 본인이 관심 있는 정책 등에 따라 그때그때 선택을 달 리한답니다. 이렇게 대부분 이념적으로 중도 성향을 가진 사람들을 선거 에서는 부동층 또는 스윙보터라고 합니다. 투표 결과가 발표되기 전에는 이들이 어떤 선택을 할지 예측할 수 없기 때문에 선거에 지대한 영향력 을 행사하기도 해요.

 그 예로 영화 〈스윙 보트〉를 들 수 있습니다. 이 영화의 주인공인 버드 존슨은 선거 시스템 착오로 10일 안에 재투표할 수 있게 되고, 버드 존슨 의 한 표로 차기 대통령이 결정됩니다. 양측 대선 캠프에서는 버드 존슨 의 한 표를 얻기 위해 고군분투합니다. 이런 일이 현실에서는 일어나기 어렵지만 투표의 가치에 대해 곰곰 생각하게 합니다.

| 투표 후 개표 과정 |

투표가 끝난 후 개표 과정은 어떻게 진행될까요? 오후 6시, 투표소에서 투표가 종료되면 정당과 후보자가 추천한 투표참관인이 보는 앞에서 투표함에 투입구를 봉쇄·봉인하고 투표참관인, 경찰공무원과 함께 투표함을 개표소로 옮기게 됩니다. 보통 개표소는 구·시·군내 체육관 등 넓은 공간에 설치되며, 각 투표소에서 개표소로 투표함이 옮겨지면 확인 후 본격적인 개표를 시작합니다.

이때 개표는 각 구·시·군 선거관리위원회 위원들이 관리하며, 개표사무를 보조하기 위해 개표사무원을 위촉하여 개표를 진행해요. 개표사무원은 공무원, 학교 교직원, 은행 및 공공기관의 소속 직원이나 공정하고 중립적인 사람으로 구·시·군 선거관리위원회가 위촉합니다. 또한 개표사무원 명단은 선거일 전 3일까지 공고하게 됩니다.

먼저 투표함이 도착하면 개표소 입구에서 각 투표소에서 도착한 투표함과 관련 서류들을 확인해서 접수해요. 접수된 투표함을 '개함부'에서 열어 개함상에 투표지를 쏟은 후 가지런히 정리합니다. 이후 정리한 투표지는 '투표지 분류기 운영부'에서 투표지 분류기라는 기계 장치를 통해 정당별 · 후보자별 투표지를 분류합니다. 이때 보통 100매 단위로 묶으며, 이 과정에서 어느 후보자에게 투표한 것인지 기계로 판독하기 어려운 투표지는 재확인하기 위해 따로 분류합니다.

정당별 · 후보자별로 분류된 투표지는 '심사 · 집계부'에서 투표지 심사계수기를 통해 1차 분류된 투표지의 매수를 사람이 다시 한번 꼼꼼히 확인합니다. 재확인 대상 투표지의 경우에는 사람이 분류 · 심사 · 집계해서 유효표와 무효표로 구분하고, 유효표의 경우 정당별 · 후보자별로 분류해서 집계합니다.

이 과정을 거쳐 집계가 끝나면 선거관리위원회 위원들이 정당별 · 후보자별로 작성된 득표수와 무효 투표수 등을 최종적으로 검열합니다. 검열이 끝난 개표 결과는 위원장이 공표합니다. 마지막으로 개표 결과를 개표참관인과 언론사에 배부하고, 선거관리위원회 홈페이지에 게시합니다. 개표가 끝난 투표지는 봉인한 후 일정 기간 안전하게 보관합니다.[45]

....
45. 선거연수원,《만 18세, 대한민국 유권자가 되다!(18세 유권자용)》, 중앙선거관리위원회 선거연수원, 2020.

1. 접수부

투표함 확인 · 접수

투표참관인과 함께 도착한 투표함 및 투표 관계 서류를 확인 · 접수합니다.

2. 개함부

투표함 이상 유무 확인

개표참관인의 참관하에 투표함의 봉쇄 봉인 등 이상 유무를 확인합니다.

개함 및 투표지 정리

투표함에 이상이 없는 경우 투표함을 열어 개함상에 투표지를 쏟은 후 가지런히 정리하고 색상별로 구분합니다.

3. 투표지 분류기 운영부

정당 · 후보자별 투표지 분류

투표지 분류기를 이용하여 정당 · 후보자별 유효표와 재확인 대상 투표지로 분류합니다.

4. 심사 · 집계부

투표지 심사 집계

유 · 무효 투표 집계 전 및 개표 상황표를 작성하고, 재확인 대상 투표지는 전량 육안으로 분류 심사 집계합니다.

5. 개표 상황표 확인석

개표 상황표 작성의 적정 여부 확인

계수의 정확성 여부, 개표 상황표가 수정된 경우 정확한지 여부 등을 확인합니다.

6. 위원 검열석

정당 · 후보자별 득표수 검열 및 공표

출석한 위원은 정당 · 후보자별 득표수, 무효투표수 검열하고, 위원장이 공표합니다.

7. 기록 보고석

개표 상황 보고 및 공개

개표 상황을 입력 보고한 후, 개표 결과를 언론사, 개표참관인에게 알립니다.

8. 정리부

투표지 포장 · 정리

개표가 끝난 투표지는 투표구별로 구분하고, 상자에 넣어 봉합하여 보관합니다.

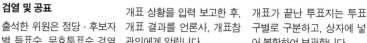

| 투표 후 당선자를 예측하는 방법 |

투표 후에 누가 당선되었을지 궁금하기 마련인데요. 오후 6시 투표 종료 후 바로 TV 방송에서 당선될 가능성이 높은 후보자가 누구인지 알려줍니다. 그런게 가능하냐고요? 바로 출구 조사덕분이에요.[46] 출구 조사란, 투표소에서 투표를 마치고 나온 유권자를 상대로 어느 후보를 선택하였는지를 묻는 여론조사의 한 방법을 말합니다.

그런데 이런 출구 조사 결과가 실제 선거 결과와 항상 일치하지는 않습니다. 왜 그런 걸까요? 그건 표본 대상의 수가 적거나 한쪽으로 치우치면 그 결과를 정확하게 예측하기 어렵기 때문입니다. 예컨대 대통령 선거의 경우에는 단일 선거구로 표본 집단이 커 상대적으로 많은 사람에게 단일 투표 대상을 질문해 당선율 예측이 가능합니다. 하지만 국회의원 선거를 비롯한 지방선거의 경우에는 선거구가 많은 만큼 표본 집단의 크기도 상대적으로 작아져서 당선율 예측에 오차가 있습니다.[47]

하지만 지난 2000년 제16대 국회의원 선거에서 최초로 전국 단위의 출구 조사가 이루어졌고, 2010년 제5회 전국동시지방선거부터 지상파 방송 3사(KBS · MBC · SBS)와 방송협회가 구성한 방송사 공동예측조사위원회(KEP)를 통해 출구 조사를 하게 되면서, 출구 조사의 오차가 줄어들게 되었습니다.

....
46. 신선민, 《이슈체크K, 21대 총선 출구조사의 모든 것》, KBS, 2020.4.15.
47. 임지수, 〈'오차' 사라진 '족집게' 출구조사, 이유는?〉, 《머니투데이》, 2018.6.14.

출구 조사는 〈공직선거법〉에 따라 투표소에서 50미터 이상 떨어진 지점에서 진행합니다. 출구 조사 대상은 투표소에서 투표를 마친 유권자 5명 중 1명입니다. 이때 출구 조사를 하는 조사원이 따로 있는데, 투표자를 한 명씩 세어서 다섯 번째 투표자를 지정하는 역할을 합니다. 지정된 투표자가 응답을 거절하면 바로 다음 사람을 '다섯 번째'로 간주해 조사합니다. 이 또한 표본의 확률 추출을 높여 정확도를 높이기 위한 통계적 조치입니다.

과거에는 대면조사 시간이 최대 5분까지 걸렸습니다. 투표 성향 심층 분석을 진행한 2018년 지방선거 때는 언제 투표할 후보를 결정했는지, 후보를 선정한 가장 큰 이유는 무엇인지, 국정 의제에 대한 유권자 입장은 무엇인지 등 다양한 질문을 하기도 했습니다. 하지만 2020년 제21대 국회의원 선거에서는 코로나19 감염 위험으로 성별, 연령, 지역구 투표 후보, 투표한 비례대표 정당을 묻는 네 가지 질문을 했습니다. 그래서 이전보다 조사 기간이 짧았습니다.

출구 조사가 끝나면 조사기관은 결과를 정리해 조사 표본 수, 후보별 득표율, 득표 순위, 오차 범위 등의 정보를 각 방송사에 보냅니다. 이 정보를 바탕으로 지상파 3사는 각각 출구조사 결과 범위를 설정해 발표하는데요. 받은 정보를 어떻게 분석할 것인지는 방송사 재량입니다. 총선에서는 통상 '○○당 지역구 의석수는 ○○석~○○석', 이런 식으로 범위를 발표하죠.

그런데 출구 조사가 100퍼센트 정확한 것은 아닙니다. 제21대 국회의원 선거는 전체 66.2퍼센트의 투표율과 26.7퍼센트의 사전투표율을 기록했습니다. 이번처럼 사전투표 비중이 전체 투표율 중 40퍼센트가 넘는 경우에는 당일 출구 조사만을 통한 선거 결과를 예측하기 어렵습니다.

　또 아무리 출구 조사원이 성실히 수행한다고 해도 표본으로 선정된 유권자가 출구조사에 대해 거부 의사를 밝히거나 거짓으로 기재하는 경우가 있습니다. 이런 요인들이 출구 조사와 개표 결과의 오차를 만들어냅니다. 예측이 빗나가는 경우가 생기면서 각 방송사는 가급적 의석수 범위를 넓게 잡는 추세입니다.

선거비용에 대한 이해

알고 있나요? 우리가 치르는 선거에는 엄청난 비용이 들어간다는 사실을요. 먼저 투·개표 등 선거 관리를 위한 수많은 인력이 투입됩니다. 또 엄청난 선거물품을 공급해야 합니다. 우리가 투표하는 수천만 장의 투표용지를 인쇄하고, 14,330여 개의 투표소, 3,508개의 사전투표소와 251개의 개표소도 설치해야 합니다. 여기에 TV 광고와 같은 선거 홍보 비용과 정당에 지급하는 선거보조금, 선거비용 보전 금액 등이 포함됩니다. 이렇게 사용된 제20대 국회의원 선거비용은 약 4,102억 원이라고 합니다. 엄청난 돈이지요. 그런데 이때 선거 후 일정한 기준 이상의 표를 획득한 후보자에게는 선거에 사용된 비용을 돌려줍니다. 우리가 낸 세금으로 말이지요.

그렇다면 한번 생각해볼까요? 우리가 낸 세금으로 투표의 가치를 환산하면 얼마일까요? 2020년 우리나라 예산은 512조3천억 원입니다. 따라서 제21대 국회의원 당선인 300명이 4년 동안 운영해야 할 재정 규모는 2049조2천억 원에 달합니다. 이를 전체 유권자 수로 나누면 유권자 한 명에게 파생되는 투표 가치는 약 4,700만 원

입니다. 어마어마하지요? 그런데 투표를 하지 않는다면 이 돈은 그냥 버려지는 것이지요.[48]

　단순하게 투표의 가치를 돈으로 환산할 수는 없습니다. 하지만 우리의 한 표로 당선된 후보자가 제대로 일하지 않는다면 우리가 낸 세금이 잘못된 곳에 사용되는 것입니다. 2022년 제20대 대통령 선거에 출마하는 후보자는 1인당 513억900만 원까지 선거비용을 사용할 수 있다고 합니다. 가끔 선거를 앞두고 '나 하나쯤이야'라는 생각으로 선거날, 투표를 하지 않고 산으로 들로 놀러 가는 사람이 있습니다. 하지만 지금 선거비용에 사용된 세금을 생각한다면 투표의 가치가 다르게 느껴질 것입니다. 이번 기회를 통해 내게 주어진 한 표의 가치를 곰곰이 생각해보세요.

<hr />

48. 선거연수원, 《18세, 나는 대한민국 유권자가 되다!(18세 유권자용)》, 중앙선거관리위원회 선거연수원, 2020.

프랑스, 뉴질랜드, 핀란드, 캐나다 같은 국가에서는 30~40대의 젊은 정치인이 대통령으로 뽑힐 뿐만 아니라 청년 정치인의 활동이 매우 활발합니다. 오스트리아와 아르헨티나는 만 18세보다도 빠른 만 16세부터 선거에 참여하는 것은 물론 일찍부터 선거교육을 받습니다. 이런 선거교육은 학생들로 하여금 주권자 의식을 기반으로 한 사회 및 정치적 활동에 참여하는 것은 물론 민주시민으로서의 실천적 삶을 살아가도록 안내하고 있습니다. 지금부터 세계 여러 나라의 선거교육을 살펴볼까요?

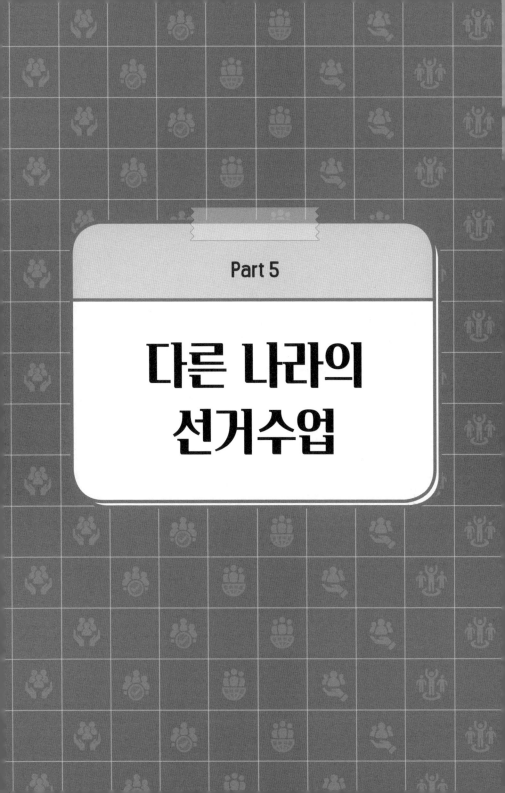

Part 5

다른 나라의
선거수업

01 독일, 체계적인 정치교육

| 의무교육인 동시에 다양한 정치 참여 권장 |

독일은 제2차 세계대전 이후 학교에서의 정치교육을 헌법에 명시했습니다. 뿐만 아니라 학교에 다니는 학생들은 정치교육을 의무적으로 받고 있습니다. 독일의 민주시민교육은 공공영역, 민간영역, 정치영역에서 다양하게 이루어지고 있는데, 공공영역의 교육으로는 연방정치교육원, 주 정치교육원, 각급 학교, 시민대학 등의 교육을 꼽을 수 있으며, 민간영역의 교육으로는 교회, 노동단체를 포함한 사회 및 시민 단체의 교육을 들 수 있습니다. 정치영역의 교육으로서는 정당 및 정당 재단의 교육이 있습니다.[49]

....
49. 선거연수원 제도연구부, 《민주시민이 미래다》, 중앙선거관리위원회 선거연수원, 2017.

독일의 정치교육은 청소년들에게 자유와 민주적인 태도, 민주주의, 비판적 사고, 다양성의 수용, 정치 제도에 대한 지식을 가르치는 것을 목표로 하고 있습니다.[50] 16개의 연방주로 구성된 독일은 정치교육을 포괄적으로 주관하는 기관이 있는데, 바로 독일연방정치교육원(Bundeszentrale für politische Bildung)입니다. 또한 16개 주마다 주 정치교육원이 마련되어 있습니다. 이 교육원들의 정치교육시간은 평균 0.5~5시간으로, 다른 교과목을 바탕으로 자율적으로 이루어지고 있어요. 특히, 초등학교에서의 정치 수업은 향토-사회 수업(Heimat-und Sachunterrichts)을 통해 간접적으로, 중등과정(5~10학년)에서는 주 1~2회의 의무 정치수업으로, 고등과정(11~13학년)에서는 선택과목으로 공부하고 있습니다.

독일의 정치교육은 '보이텔스바흐 합의'에 따라 크게 3가지 원칙을 주요 내용으로 하고 있습니다.

첫째, 주입식 교육을 금지하는 것이 원칙이다.
둘째, 논쟁의 투명성 원칙으로 학문과 정치에서 논쟁적인 것은 수업에서도 논쟁적인 사인으로 다루어져야 한다.
셋째, 수요자 지향성 원칙이다.

독일의 정치교육은 이와 같은 '보이텔스바흐 원칙'에 내재되어 있

50. 박공식, 〈정당 가입, 정치활동 경험 독일초 · 중등학교부터 체계적 정치교육〉, 《지방정부 tvU》, 2020.6.8.

는 개방성, 다양성, 참여성을 통해 유지되고 있으며, 정치교육을 받은 독일 청소년들은 일찍부터 정치 활동에 참여하며 정치를 몸소 배웁니다.

| 선거권은 만 16세부터 |

독일의 청소년이 참여하는 선거는 유럽연합의회 선거(Europawahl), 연방의회 선거(Bundestagswahl), 주의회 선거(Landtagswahl), 지방의회 선거(Kommunalwahl)입니다. 독일 청소년은 독일 내 의회 선거뿐만 아니라, 유럽연합의회 선거에도 참여해야 하니, 정치 공부가 꼭 필요하겠지요? 사안에 따라 국민투표, 주민투표에도 참여합니다. 독일연방 선거법 제3장 12조·15조에 의해 연방 선거는 투표권, 피선거권이 모두 만 18세로 명시되어 있습니다.

　지방의회의 투표 나이는 주마다 상이하지만 11개 주에서 만 16세부터 투표권을 부여합니다. 이는 1970년대 이후 선거권이 '타고난 인권'이라는 견해가 독일과 유럽을 중심으로 퍼지면서, 독일 연방의원들이 만 18세 선거권에 관한 기본권 조항을 삭제하고, 아동·청소년을 포함한 모든 국민에게 선거권을 허용하는 내용의 법률안을 연방의회에 제출함으로써 가능해졌습니다. 이에 따라, 1970년부터 만 18세에게 투표권을 부여했고, 1974년 이후에는 투표권, 피선거권 모두 만 18세로 통일되어 현재까지 지속되고 있어요. 우리나라가 2020년에 만 18세로 투표권 연령을 하향한 것에 비하면 엄청 빠르게 참정권이 자리를 잡았지요? 이는 1919년 바이마르 공화국을 창립하며, 여성에게 투표권을 부여하고 정치교육을 시작한 독일의 선진적인 정치 흐름 속에서 나타난 현상이었다고 할 수 있습니다.

| 독일의 청소년 투표 프로젝트, 유니오발 |

독일의 유니오발은 청소년의 정치 참여를 고취하고 참정권의 중요성을 인식하도록 하는 정치교육의 일환으로, 선거권이 없는 학생을 대상으로 실제 선거와 유사한 방식으로 실시되는 선거라고 할 수 있습니다. 즉, 청소년 '모의 투표'라고 할 수 있습니다. 실제 정당과 후보를 투표의 대상으로 하나, 실제 선거 일정보다 일주일 빠르게 학교에서 진행되어 실제 선거에 영향을 주지 않으면서 교육적 목적에 충실한 정치교육 방법이지요.

그렇다면 청소년 투표 프로젝트는 언제부터 시작되었을까요? 1999년 베를린의 3개 학교에서 시작하여 현재는 전 연방에서 실시하고 있습니다. 모의 투표에 참여하는 학생은 일반 학교의 경우 중등과정에 속하는 7학년(12~13세 이상), 직업학교의 경우 9~12학년(14~18세)의 청소년들입니다.

학생들은 직접 선거관리위원회를 구성, 선거와 관련된 모든 과정을 직접 기획·운영합니다. 이 과정에 필요한 모든 교구재와 자료는 유럽의회, 연방·주정부, 주 정치교육원 등의 협회에서 지원받습니다. 현장 투표뿐 아니라 전자투표를 선택할 수 있지만, 80퍼센트 이상의 학생이 현장 투표를 선택하고 있습니다. 투표 체험 3~4주 전에는 '민주주의와 선거(Demok ratie und Wahlen)'라는 주제로 선생님께 수업을 듣습니다. 투표는 실제 투표와 동일하게 이루어지며, 학생들은 투표용지에 지역구 후보와 정당을 써넣습니다. 투표 후 개표 역시 학교에서 완료하여 실제 선거일 전날 18시까지 협회에 전달하고, 선거 당일 18시에 투표 결과를 공개합니다.

독일의 청소년 투표 프로젝트의 가장 큰 특징은 학생의 주도적인 참여로, 학생들에 의해 자율적으로 이루어진다는 점입니다. 선거관리위원회 구성부터 선거인명부 운영, 투표용지 배부, 개표의 전 과정을 진행하여, 단순히 투표하는 것을 경험하는 아니라 선거의 전 과정을 체험하는 것입니다. 모의 투표가 끝난 후에는 실제 선거 결과와 비교·분석하여 개선 방안을 토론하는 사후 평가가 이루어지는데, 이는 투표의 경험을 배움으로 연장한다는 점에서 매우 효과적입니다. 이 과정을 통해 청소년들은 정치를 일상의 한 부분으로 받아들이고, 평소 생활 주변의 문제를 해결하기 위하여 민주시민으로서 정치에 참여하게 됩니다. 독일에서는 선거권을 기본적인 인권으로 받아들이고 청소년의 참정권을 인정한 것에서 나아가, 청소년들이 자연스럽게 정치 참여 방법을 배울 수 있도록 돕고 있습니다.

| 5세부터 시작하는 체험형 선거수업 |

미국은 우리나라와 다르게 연방제 국가입니다. 미국은 우리나라에 비해 투표 제도가 매우 복잡하고, 연방정부와 주정부의 관계, 양당제 등 선거 전에 알아야 할 지식의 양이 많은 편이라, 선거 지식 전달이 너무 중요합니다. 미국에서 중요하게 여기는 선거교육은 정치 제도와 선거 과정 자체에 대한 지식 습득입니다. 이를 기본으로 가족 단위로 파급시키는 방향성을 가지고 있습니다.

미국은 선거에 대한 관심을 키우기 위한 방법으로 학생들에게 다양한 수업을 실시합니다. 그중 '선거운동 지도 그리기'는 미국 지도를 걸어놓고 넓은 영토 위에 현재 각 후보들의 선거운동 경로를 그려 보는 활동이고, '헤드라인 다시 쓰기'는 선거 관련 신문 기사를 찾아 제목을 바꿔 써보는 활동입니다. 이 외에도 온라인으로 학생이 체크하면 학생들의 입장과 가까운 후보를 산출하는 프로그램(CNN 개발 선거 자료)을 활용하기도 하고, 각 전문기관에서 만든 토론 교육 자료뿐만 아니라 인터넷, 게임과 같은 뉴디미어를 활용한 선거교육 게임, 모바일 게임을 활용하기도 합니다.

미국의 선거 참여교육의 대표적인 프로그램은 〈투표하는 아이들(kids Voting USA)〉입니다. 현재까지 약 26년 넘게 꾸준히 시행되어 오고 있는데요. 학생뿐만 아니라 부모를 선거에 참여하는 역할로 설계되었다고 합니다. 선거수업의 과제에 가족이 선거인 등록을 했는지 여부, 투표소 위치를 아는지 여부, 몇 시에 투표하러 갈 것인지에 대해 조사하도록 하고 있습니다. 선거 과정에 가족을 적극적으로 참여시키는 것을 목적으로 하고 있으며, 실제 프로그램 실시 지역의 선거 참여율이 다른 지역보다 통계적으로 유의미한 결과가 있었다고 합니다.[51]

선거 참여교육에서 가장 핵심적인 교육 방법은 모의 투표를 빼놓을 수 없습니다. 〈투표하는 아이들〉의 경우 지역 선거관리위원회의 허가를 받아 성인 투표소 옆에 청소년 모의 투표소를 설치한다고 해요. 이런 방법은 학생들에게 선거 체험 기회를 제공할 뿐 아니라 가족 모두가 선거하러 갈 계기를 마련한다는 점에서 매우 효과적입니다.

....
51. 곽한영, 〈교육정책포럼 321권 -미국의 선거교육, 주요내용과 시사점〉, 2020.

미국의 애리조나 법률 서비스 및 교육 재단(Arizona Foundation for Legal Services & Education)에서는 'Kids Voting USA'라는 유권자 교육 프로그램을 운영하고 있습니다. 이곳에서는 어릴 때부터 어린이가 투표하는 습관을 기르고 가족들이 함께 시민권에 대해 논의함으로써 선거에 관심을 가지게 합니다. 또한 이 프로그램에서는 모의 투표의 일환으로 지역 선거관리위원회의 허가를 받은 후 성인 투표소 한편에 청소년을 위한 모의 투표소를 설치하여 투표를 미리 경험해 볼 기회를 제공하기도 합니다.

올바른 정치적 판단 능력을 갖출 수 있도록 이끌기 위한 선거교육의 방법으로 미국의 교사들은 외부 단체가 만든 자료를 적절히 활용하기도 합니다. 대표적으로는 'Ben's Guide to the US Government'를

| https://bensguide.gpo.gov | https://www.kidsvotingusa.org |

미국의 경우 〈Ben's Guid〉를 통해 미국 정부기관의 구조 및 역할, 선거 제도 등에 대해 알기 쉽게 안내하며, 'Kids Voting USA'라는 유권자 교육 프로그램을 운영함으로써 어린이 선거교육 커리큘럼, 모의 선거 결과 등을 안내하고 있다.

들 수 있습니다.[52] 이는 미연방기록보관소에서 만든 사이트인데, 정부의 구조와 정부기관의 역할 및 구성, 선거 제도 등에 관한 내용들을 학생 연령에 맞게 재구성하여 만화, 캐릭터 등을 활용해서 제공하고 있습니다.

워싱턴, 제퍼슨, 링컨 등 역대 대통령들과 관련된 역사적 사실을 조사하며 이루어지는 선거교육 활동도 있습니다. 그 밖에도 4~8학년을 위한 교수학습 프로그램을 제공하는 '미들웹(Middle Web)'에서는 학생들이 역사상 대통령 후보들 중의 한 사람이 되어 모의 선거운동을 하는 프로그램을 안내해요. 여기에 참여하는 학생들은 자신이 맡은 대통령의 공약, 업적, 역사적 상황 등을 면밀히 조사하여 선거 포스터, 연설문, 홍보 자료 등을 준비합니다. 이를 바탕으로, 자신이 조사한 대통령의 재선을 위한 투표활동이 이루어지지요. 또한 당선자를 결정하는 데서 끝나는 것이 아니라 후보의 성공 및 실패 이유에 대한 치열한 토론 과정을 거치기도 해요. 역사 속 인물을 통한 선거교육 활동을 통해 선거 결과 및 과정에 대한 충분한 성찰이 이루어질 수 있도록 하는 것입니다.[53]

....
52. https://bensguide.gpo.gov
53. https://www.middleweb.com/27908/a-lively-history-activity-for-presidents-day

스웨덴, 정치 학습 동아리 장려

| 정치 학습 동아리를 통한 정치교육 |

스웨덴 민주주의는 '학습 동아리 민주주의(study circle democracy)'라고 부릅니다. 즉 지역공동체에서 실시되는 다양한 학습 동아리를 통해 정치교육이 이루어지는 것으로 정평이 나 있습니다. 스웨덴의 노동자교육협회, 성인교육협회 등 전국적인 조직을 가진 교육협회들이 각 지역에서 학습 공간을 제공하고, 각 정당의 수요에 따라 당원교육 프로그램과 선거 프로그램 등을 공통으로 개발하며 정당정치 교육 교재나 자료들을 풍부하게 발간합니다.

  스웨덴은 그 어떤 나라보다도 정치 입문이 매우 빠릅니다. 6세부터 25세까지 각 당의 청년 당원으로 활동하고 있는 청소년 및 청년 수는 보수당청년회(MUF) 1만3천 명, 사민당청년회(SSU) 1만2천 명,

환경당청년회(GU) 6천3백 명, 자유당청년회(LUF) 3천 명[54]입니다. 입시와 취업에 매달리고 있는 우리나라와 좀 다르죠? 정치에 입문하기 위해 어릴 때부터 정당의 문을 두드리는 청소년들이 줄을 잇는다고 해요. 청년 당원들의 정치수업은 미래 정치인으로 성장해 나가는 데 필수코스입니다. 일찍 정치교육에 참여한 청소년의 경우 10대 말 혹은 20대 초에 지방정치에 발을 들여놓고, 그중 일부는 20대 말에 중앙정치로 진출합니다. 30대 초에 당이 집권하게 되면 의정활동이 뛰어난 중앙정치인 중 일부는 장관으로 발탁되고요. 북유럽 정치인 중에서 유난히 젊은 장관이 많은 이유는 일찍부터 정치에 입문을 할 수 있는 통로가 열려 있기에 가능합니다. 스웨덴, 덴마크, 노르웨이 등 북유럽 국가들의 역대총리, 국회의장, 장관 그리고 각 정당 당수들은 거의 대다수가 청년 당원 출신입니다. 청년 당원으로 활동하는 동안 다양한 정치적 자원을 축적해 아래서부터 올라갈 수 있는 능력을 갖춰 나갑니다.

정당 산하에는 정치학교가 있습니다. 봄메쉬빅(Bommersvik)이 대표적입니다. 봄메쉬빅은 사민당(사회민주노동당) 산하 청년 당원 교육을 담당하는 조직이에요. 이 교육을 통해 매년 수백 명의 차세대 청년 지도자를 육성하고 있습니다. 2010년대 초반 문을 연 정치학교 봄메쉬빅은 사민당과 사민당 청년조직 · 스웨덴노동자총연맹의 협력으로 운영됩니다. 여기서 차세대 정치 지도자와 노동 지도

....
54. 최연혁, 〈한국의 미래정치는 훈련된 사람에게 맡겨야〉, 《여성신문》, 2017.7.31.

자 양성을 위한 프로그램을 마련하고 있으며 정치학을 포함하여 노동정책, 법률 등을 비중 있게 다뤄 정치 지망생들이 정치 실무를 직접 익혀 정치 현장에서 활용할 수 있도록 하고 있습니다. 또 봄메쉬빅은 기성 정치인들과의 유대를 쌓는 가교 역할도 하고 있지요. 사민당 출신의 역대 총리들이 봄메쉬빅을 거쳤을 정도로 봄메쉬빅은 스웨덴 정치에 큰 영향을 미치고 있습니다.

이처럼 스웨덴 정당의 차기 지도자 육성 시스템과 정치교육은 단순히 청년 정치인을 배출하는 것을 넘어 풀뿌리 정치와 민주사회 기본 원칙으로 자리 잡고 있습니다. 또 오랜 정치교육 경험을 통해 기초적 자료 · 커리큘럼 등을 축적하면서 교육의 질이 점점 향상되는 방향으로 선순환하는 구조를 만들었답니다.

04 프랑스, 생각이 자라는 시민교육

| 오랜 역사를 통해 다져진 시민교육 |

"시민교육의 목적은 학생들에게 지식을 전수하는 것이 아니라, 그들이 무엇을 원하게끔 하는 데 있다."

이 말은 레옹 베라르(전 프랑스 교육부 장관)가 한 말입니다. 프랑스의 시민교육은 긴 역사 속에서 독특한 시스템을 구축해 왔습니다. 프랑스 교육부는 학생을 예비 시민이 아닌 이미 시민이 되어가고 있는 존재(citoyen en devenir)로 간주합니다. 학교라는 공간에서 학생들이 장차 사회에서 삶을 영위해 나가는 데 필요한 지식과 역량을 습득할 수 있도록, 나아가 자유롭고 책임감이 있으며 사회 전반에 참여하는 시민이 되기 위해 작은 일부터 실천하도록 가르치고 있습니다.

프랑스는 학교 폭력, 정치적 무관심, 선거 참여율 하락 등에 적극적으로 대응하고자 시민교육의 필요성을 느끼고 1985년 이후 시민교육을 정규 교육과정으로 제도화하여 발전시켰어요. 국가 주도로 초중고 전 교육과정에서 국어, 영어, 수학처럼 도덕 시민교과(EMC)를 의무과목으로서 다른 과목과 융합해 교육하고 있습니다.

도덕 시민교과(EMC)는 초중고에 이르기까지 연계성을 가지고 단계적, 체계적인 교육과정 속에서 토론, 참여를 유도하고 있습니다. 방송, 신문 등의 자료를 활용하여 비판적으로 미디어 읽기는 물론 생활 속의 여러 가지 문제, 사회적 문제, 학교생활과 관련된 문제 등을 자유롭게 표현하고 토론하는 수업을 통해 생각을 넓힙니다. 이런 교육을 통해 함께 살아가는 사람들과 더불어 잘사는 세상으로 만들려고 하는 것이지요.

현재 우리나라는 역사적 특수성과 보수와 진보의 대립으로 인해 중고등학교 교육과정에서 중립적인 내용만을 다루고 있어요. 그러다 보니 현실과 동떨어진 내용이 많아 학생들의 시민 자질 육성에 많은 어려움을 겪고 있습니다. 하지만 프랑스에서는 현재 발생하는 사회 문제에 대한 인식을 공유합니다.

'현재 사회 문제가 과거에 발생하였다면 어떻게 해결하였을까?' 와 같은 작은 질문을 시작으로, 현재 일어나는 사회 문제나 쟁점을 토론합니다. 이런 시민의 대표자를 올바르게 선출할 수 있는 시민의식을 함양하는 것이 핵심입니다.

프랑스 학년별 시민교육 내용

단계	연령	시민교육 내용
École Marterelle 유치원	2~6세	• 인성교육, 의사교환 • 타인과 바람직한 관계 경험
École Primaire 초등학교	6~11세 (초1~초5)	• 진실함 및 엄격함 추구 • 자신과 타인에 대한 존경 • 연대감 및 협동심 • 타문화 세계의 이해 • 자유, 평등, 박애 정신 추구 등
Collegé 중학교	12~15세 (중1~중4)	• 시민교육 관련 각 교과의 역할 제시 • 중학교 이수자격시험에 시민교육 성적 반영 • 공화국과 시민, 민주주의 • 자유와 평화, 방어 • 공화국의 가치로서의 평등, 자유 • 법과 사법부, 안전, 주민 등
Lycée 고등학교	16~18세 (고1~고3)	• 공통과목으로 시민-법-사회교육 과목 이수 • 교과목간 시민교육 연계성 • 대입자격 국가고시에 시민의식 문제 출제

프랑스는 교육부가 시민교육의 핵심주체로서 공교육 내에 학교 정규 교육과정을 통해 유치원에서 고등학교까지 시민교육을 실시하고 있습니다. 학교 시민교육은 교과목 간의 위계와 연계성을 강조하며 시민교육과 관련된 각 교과의 역할이 제시되어 있습니다. 또한 학교 내의 시민교육뿐만 아니라 시민 단체에 의해 평생교육체제가 확립되어 시민교육이 지속적이고 체계적으로 이루어지고 있습니다.

200년 역사 속에서 이어져 온 프랑스 학교 시민교육의 목표는 세

가지입니다. '타인 존중하기'와 '공화국의 가치를 습득하고 공유하기', 그리고 '시민문화 구성하기'입니다. 이 세 가지 목표는 책임감 있는 시민 양성, 점차 다문화 다인종으로 구성되고 있는 프랑스 사회에서 공화국의 가치를 중심으로 한 사회통합, 기후변화, 테러와 같은 전 지구적 차원의 문제 해결에 앞장서는 세계시민 양성을 목표로 한다고 풀이할 수 있습니다. 한마디로 '공화국의 시민을 키워내는 것'을 교육의 가장 큰 목표로 삼는 프랑스 시민교육은 단지 하나의 교과가 아니라 프랑스 교육 전반에 녹아나는 핵심 가치입니다.

| 30대 여성 총리의 탄생 |

핀란드의 2019년 총선에서 34세 젊은 여성 총리가 선출되었습니다. 2021년 우리나라도 국민의힘 이준석 대표가 30대에 정당 대표가 되었지만 아직까지 우리나라는 정치 경험을 우선시하여, 정당 대표는 나이 지긋한 국회의원이 맡는 경우가 많습니다.

하지만 핀란드는 20대 초반부터 정당 활동을 시작하는 경우가 많고, 20대 중후반에 시의원을 거쳐 30대에 정당 대표가 되는 경우도 종종 있습니다. 1972년부터 만 18세 청소년들에게 선거권을 준 핀란드는 현재 만 45세 미만 국회의원이 전체 의원의 45퍼센트를 차지하고 있습니다. 이것은 단지 젊은 정치인들이 주변에 머무는 게 아니라 정치의 중심에 있다는 것이죠. 그렇다면 핀란드에서 30대에 총리와 정당 대표가 선출될 수 있는 이유는 무엇일까요? 지금부터 핀란드의 정치 참여교육을 통해 그 답을 찾아볼까요?

최근의 핀란드 청소년 단체들은, 청소년의 적극적인 참여 보장의 중요성을 강조하며 선거권 연령을 만 16세로 낮추자고 주장하고 있습니다. 일찍부터 정치에 참여하는 핀란드 청소년들의 경향은 20대 국회의원과 30대 총리가 탄생하는 결과로 이어지고 있습니다. 이런 현상은 핀란드에서는 민주주의의 일반적 풍경으로 받아들여지고 있습니다.

그렇다면 대체 핀란드에서는 어떻게 20~30대의 청년들이 이처럼 정치에 적극적으로 참여하고 활동할 수 있게 된 것일까요? 핀란드에서는 만 15세 이상 청소년은 누구나 정당이 운영하는 청년 조직에 가입할 수 있습니다. 녹색당 등 일부 정당에서는 부모의 동의가 있는 경우 만 13세부터 참여를 허용하고 있습니다. 핀란드의 정당 청년 조직은 당의 미래 인재를 양성하는 통로로 기능하며, 당 내의 싱크탱크(think tank)로서 청소년들의 가치와 의제를 실현하기 위한 다양한 활동을 전개할 수 있어요. 우리나라도 2022년부터 만 16세면 정당에 가입할 수 있지만 적극적인 활동은 지켜봐야 알지요.

정당 청년 조직의 대표들은 대개 당의 부대표로도 활동하며, 선거 캠페인 등의 과정에서 청년 조직 대표들 간의 TV 토론회가 별도로 조직될 정도로 비중 있는 역할을 인정받고 있답니다.[55] 정당의 청년

....
55. 서현수 외,《학교 민주시민교육의 세계적 동향과 과제》, 살림터, 2019.

지역위원회 활동 → 기초위원 → 중앙정치 진출의 체계적인 정치 참여 플랫폼 기능을 의회에 진출한 정당들이 잘하고 있다는 것입니다.

핀란드는 종합학교와 고등학교의 일반 사회 교과목에서 민주주의 교육의 일환으로 선거, 정당, 의회 등에 대하여 학생들에게 구체적이고 생생한 지식과 정보를 전달해요. 핀란드에서 행해지는 선거 제도 전반에 대하여 학생들이 정확한 이해를 할 수 있도록 돕고 있으며, 정당에 관한 챕터에서는 좌파부터 우파까지 핀란드의 실제 의회 정당 그룹들의 로고, 이념, 연혁, 주요 가치 및 정책, 주요 인사 등을 일목요연하게 정리해 전달합니다. 학생들로 하여금 정당들의 홈페이지를 직접 검색하여 추가 정보를 확인하도록 한 뒤 자신이 선거에서 선택하거나 선택하지 않을 정당을 고르고 그 이유를 설명하도록 하는 등 구체적인 정치교육을 실시하고 있습니다.[56]

| 핀란드 청소년의 정치 참여 채널들 |

핀란드 청소년의 정치 참여는 하루아침에 이루어진 것이 아닙니다. 서현수 교수는 "민의를 제대로 반영하려 노력하는 정치 제도와 큰 불안 없이 삶을 이어갈 토대가 돼 주는 보편적 복지 제도가 그

---

56. 서현수, 제10회 세계인권도시포럼 발제문 〈핀란드 민주주의와 청소년 정치 참여〉, 광주광역시교육청, 2020(저자에게 인용 허락을 받음).

배경"이라고 설명했습니다.[57] 핀란드에서 청소년들은 어떤 방법으로 정치에 참여할 수 있을까요?

• 어린이의회

어린이의회는 핀란드의 주요 지방자치단체들이 2000년대 초반부터 운영하고 있는 제도로, 지역 내 종합학교 1~6학년(우리나라의 초등학교)의 학생 대표들로 구성됩니다. 일반 학생들은 매년 선거를 통해 대표(통상 학급당 2명)를 선출하고, 선출된 대표들이 학교 학생회를 구성하며, 학교 학생회 대표 2인이 다시 지자체의 어린이의회 구성원이 되는 대표 체계입니다.

• 청소년위원회

종합학교 7~9학년 학생들과 고등학교(일반고, 직업고) 대표들로 구성됩니다. 이들은 정례적으로 모여 시에서 시행하는 청소년 관련 정책에 대해 심의하고 의견을 제시하며, 청소년 대표가 직접 맡는

---

57. 쥬리 · 김지현, 〈핀란드 청소년과 한국 청소년, 어마어마한 차이〉, 《오마이뉴스》, 2018.11.23.

청소년위원회 위원장은 시 공무원들이 가져오는 결재 문서에 서명까지 합니다. 헬싱키와 에스포 같은 중심 도시들은 최근 청소년위원회 선거를 만 18세 이하의 아동, 청소년에 의한 직접선거 형태로 전환해 운영하고 있습니다. 아동, 청소년 외에도 핀란드의 주요 지방자치단체들은 장애인위원회와 노인위원회를 구성해 당사자들에 관련된 정책 결정 과정에 참여할 수 있도록 보장하고 있습니다.

• 청소년의회

핀란드 의회는 1998년부터 청소년의회 프로그램을 운영하고 있습니다. 청소년의회는 청소년들이 의회와 핀란드 민주주의에 대한 이해를 증진하고, 사회적 현안들에 대한 청소년들의 숙고된 판단 및 의견 표출을 증진하며, 입법자들로 하여금 청소년들의 목소리를 들을 기회를 제공하는 것을 목표로 하고 있습니다. 핀란드 청소년의회는 의장(현직 국회의장)과 199명의 청소년 의원들로 구성되며, 전국에서 선발된 만 15~16세의 학생들이 참여합니다. 지역 학교들에서 운영되는 의회 클럽들(local parliamentary clubs)이 자신들의 대표를 선택한 뒤 2년에 한 번씩 소집되는 청소년의회 전체 회의에 파견하는 방식(실제 선거구 크기와 동일하게 지역별로 좌석 할당)입니다.

헬싱키 의사당에서 개최되는 전체 회의에서 청소년 의원들은 상임위원회별로 배속되어 의회의 실질적 입법 과정과 활동을 탐색한 뒤 본회의 세션에 합류해 대정부 질문 등에 임합니다. 국회의장이 직접 사회를 보는 '총리에 대한 질문 시간(Question Time)'은 행사의

하이라이트로, 총리와 다수의 장관들이 직접 국무위원석에 출석해 청소년 의원들의 질문에 답변을 합니다. 이때 청소년 의원들이 종종 날카로운 질문을 제기해 총리와 장관들을 긴장하게 만드는 모습이 공영방송 채널과 의회 웹사이트를 통해 생중계됩니다. 청소년의회는 핀란드 사회가 청소년들을 어떻게 대우하는지를 생생하게 보여주는 사례입니다.

이에 더해 핀란드에는 각 지방자치단체별로 어린이의회와 청소년위원회가 있다고 합니다. 어린이의회는 지역 내 종합학교 1~6학년(초등학생) 대표들로 구성되고, 청소년위원회는 종합학교 7~9학년과 고등학교 대표들로 구성됩니다. 각 학교에서 민주적 절차에 의해 선출된 대표자들이, 학교 안은 물론 지역 사회 차원에서 목소리를 낼 수 있는 것입니다.

이런 청소년 참여 기구들의 목소리를 무시할 수 없는 점은 청소년들이 실제로 지역의 법을 제정하는 주민발의 권한이 있기 때문인 것 같습니다. 지자체 인구의 2퍼센트에 해당하는 발의 서명을 모으면 주민발의가 가능한데, 우리나라가 만 19세 이상에게만 주민발의 권리를 주는 것과 달리 핀란드는 만 15세부터 그 권리를 부여하고 있습니다.

| 선거관리위원회와 연계한 선거교육 예시 |

선거관리위원회는 국민투표의 공정한 관리, 정당 및 정치자금에 관한 사무를 처리하기 위하여 설치된 국가기관으로, 국회 · 정부 · 법원 · 헌법재판소와 같은 지위를 갖는 독립된 합의제 헌법기관입니다. 선거 관리뿐만 아니라 선거가 없는 때에도 선거에 대한 올바른 의식을 심어주는 선거 홍보나 올바른 민주시민의식 함양 교육에 앞장서고 있어요. 미래의 유권자를 위한 교육 사이트, 블로그를 운영하여 다양한 교육 프로그램과 자료를 제공하고 있으며, 학생들의 눈높이에 맞게 웹툰, 영상으로 제작된 자료도 탑재하고 있습니다. 이 중 선거수업에 쉽게 사용해볼 만한 세 가지를 얘기해볼게요.

첫 번째로는 선거벽보 제작 프로그램입니다. 사이버선거역사관

선거관리위원회의 선거벽보 제작 프로그램   선거벽보 제작 사례

홈페이지(http://museum.nec.go.kr)에 들어가면 선거벽보를 손쉽게 만들 수 있는 제작 프로그램을 접할 수 있습니다(사이버선거역사관 → 선거체험관 → 선거벽보 만들기). 처음에는 네 가지 벽보 중 한 가지를 선택한 다음 사진을 넣도록 되어 있습니다. 그다음 소속·단체·선거명, 이름·기호, 메인 슬로건·서브 슬로건, 약력·공약 등을 5단계에 걸쳐서 정보를 입력하고 출력하면 끝입니다. 아주 쉽고 간단해서 누구나 만들 수 있습니다. 이렇게 제작한 벽보를 교실 뒤 게시판에 붙여 놓고 게시한 후 후보자 토론과 정책 질의를 거쳐 투표로 진행하는 선거수업을 진행해볼 수 있습니다.

두 번째로는 투표용지 제작 프로그램입니다. 사이버선거역사관에는 투표용지 제작 프로그램이 있습니다. 컴퓨터로 만들어도 되지만 선거에서 쓰이는 것과 같은 투표용지에 투표를 한다면 더 생생한 선거교육을 할 수 있어요. 학생들이 만든 정당과 후보자명을 기입할 수 있으며

선거관리위원회 투표용지 제작 프로그램

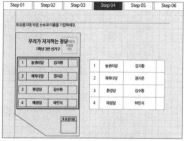

선거 투표용지 제작 사례

선거관리위원회 희망 공약 제안 프로그램

학생이 제안한 공약 제안 사례

이러한 프로그램들을 잘만 활용하면 개념 전달 중심의 수업에서 탈피하여 실제 교실에서 학생들이 민주주의를 체험하고 공감할 수 있는 선거수업을 만들어갈 수 있다.

많은 후보자를 넣어 투표용지를 제작할 수도 있습니다. 또한 지역구 국회의원뿐만 아니라 비례대표 의원에 대한 투표도 가능해요.

세 번째로는 우리 동네 공약 제안 프로그램입니다. 선거관리위원회 사이트에서 분야별 정보 → 정책공약알림이 → 우리 동네 공약 제안으로 들어가면 공약을 제안할 수도 있고 우리동네에 제안된 다양한 공약을 볼 수도 있어요. 교실에서 우리 동네에 필요한 정책에 대해 토론하고 수렴하여 그 결과를 해당 사이트에 탑재하면 우리 지역 국회의원이나 시의회, 시장에게 의견을 전달해주는 프로그램입니다. 또 지역 주민이 바라는 정책이 무엇인지, 어느 분야에 의견이 많이 올라오는지를 살펴볼 수도 있는 생생한 선거교육 프로그램입니다.

Q) 우리가 참여할 수 있는 선거일은 언제 일까요?

A) 우리가 참여할 수 있는 선거일은 각 대표의 임기가 끝나기 30일 전(지방선거), 50일 전(국회의원 선거), 70일 전(대통령 선거)을 기준으로 '첫 번째 수요일'입니다. 보통 임기 차이로 교차해서 선거가 실시되지만, 2022년에는 임기 차이가 나지 않는 두 대표 선거가 있습니다. 대통령 선거는 3월에, 지방 선거는 6월에 합니다.

Q) 학교 동아리에서 후보자들을 초청해 공약을 들어도 되나요?

A) 동아리는 선거운동을 할 수 없는 단체입니다. 그러므로 후보자를 초청해 공약을 들을 수 없습니다.

Q) SNS에 좋아하는 정당이나 후보자의 소식을 올려도 되나요?

A) 물론 가능합니다. 하지만 그 소식이나 영상이 거짓이거나 다른 후보를 비방하는 내용이라면 문제가 될 수 있겠죠. 이때 후보자를 낙선시킬 목적으로 허위 사실을 올리면 후보자비방죄로 처벌을 받을 수 있습니다.

Q) 후보자 선거사무소에서 자원봉사를 했는데 문화상품권을 줬어요. 받아도 되나요?

A) 자원봉사자는 어떤 것도 받으면 안 됩니다. 문화상품권을 받으면 선거운동 관련 금품 수수가 될 수 있기 때문에 절대로 받으면 안 됩니다.

Q) 기표용구는 왜 '⓪' 모양일까요?

A) 처음에 기표용구는 총알 탄피, 플라스틱 볼펜 등 기표 시 ○ 표시가 나오는 도구를 사용하다가 지역별로 다른 기표용구를 사용하면서 부정선거 의혹이 끊이지 않았습니다. 이를 해소하기 위해 1985년 제12대 국회의원 선거부터 전국적으로 통일된 기표용구를 사용하게 되었습니다. 하지만 이때에도 기표 모양은 여전히 ○ 표시였습니다.

1992년 제14대 대통령 선거에서 ○ 표시와 '사람인(人)'이 결합된 기표용구가 사용되었습니다. 하지만 '사람인(人)'이 대칭을 이루고 있어 종이에 대칭으로 찍혔을 때 구분이 어렵다는 지적과 당시 특정 대통령 후보를 연상시킨다는 이유로 1994년에 '사람인(人)'에서 '점복(卜)'으로 바뀌었습니다. 현재는 '⓪' 같은 모양입니다.

Q) 투표소에서 인증샷을 찍어도 되나요?

A) 찍어도 됩니다. 하지만 투표소 입구에서 질서를 해치지 않는 범위에서 엄지손가락, V자 등의 표시를 하며 인증샷을 찍을 수 있다는 점을 주의하세요. 단, 기표소 내에서는 절대 사진을 찍으면 안 됩니다.

Q) 투표참여확인서를 받을 수 있나요?

A) 선거일에 투표소에서 투표한 다음 투표사무원에게 요청하면 발급받을 수 있습니다.

Q) 개표소에 직접 가서 개표 과정을 볼 수 있나요?

A) 구·시·군 선거관리위원회에서 발급하는 관람증을 받아 지정된 장소에서 개표 과정을 직접 볼 수 있습니다.

Q) 선거 개표는 왜 수기로 하나요?

A) 개표는 투표 마감 후 투표함이 별도로 마련된 개표소에 옮겨지면 시작되는데 개표사무는 구·시·군 선거관리위원회가 담당합니다. 먼저 투표함을 열어 투표지의 유·무효 판정을 하고, 후보자나 정당별로 분류해 득표수를 집계한 후 결과를 공표하는 것이지요. 개표 결과가 확정되면 물론 가장 많은 표를 얻은 후보자가 당선인으로 결정됩니다. 그리고 정당에 대한 표는 득표 비율에 따라 의석을 배분해 당선인을 결정하게 됩니다.

현재 개표에 사용되는 도구는 개표사무의 정확성과 신속성이 떨어지는 문제점을 개선하기 위해 '투표지 분류기'를 사용합니다. 투표지를 유·무효별 또는 후보자별로 구분하거나 계산에 필요한 기계 장치 또는 전산 조직을 이용할 수 있다는 사용 근거에 따라 사용되는 것인데 학교 시험이나 수능 시험 채점처럼 컴퓨터 프로그램을 이용한다면 더 빠르고 정확하겠지만 아직은 그렇게 하지 않고 있습니다.

Q) 투표 후 바로 당선자를 예측할 수 있나요?

A) 투표가 끝나자마자 뉴스에서 당선될 가능성이 높은 후보자가 누구인지 발표할 수 있는 건 출구 조사 때문입니다. 출구 조사란, 투표소에서 투표를 마치고 나오는 사람들에게 설문지를 돌려 누구를 선택했는지 묻는 일입니다. 원래는 선거일 투표 마감 시작까지 선거인이 투표한 후보자의 성명이나 정당명을 질문할 수 없어요. 다만 텔레비전, 라디오 방송국, 일간신문사는 투표소로부터 50미터 밖에서 투표의 비밀을 침해하지 않는 방법으로 질문할 수 있어요.

여론조사 결과와 선거 예측치는 여론조사 단순 집계 결과(무응답이 포함된 후보 지지도)를 기반으로 투표율 적용, 무응답 배분 등을 통해 산출한 예상이에요. 이러한 절차가 필요한 이유는 평소 여론조사 응답자와 선거 당일 실제 투표하는 유권자 특성의 차이이죠. 사전 여론조사 결과에는 평소 정치에 무관심한 유권자나 선거 당일 투표하지 않는 유권자도 다수 포함되어 있습니다. 게다가 투표 당일 투표소 안에서 누구에게 투표할 것인지 마음을 정하는 사람도 꽤 있다고 해요.

그리고 투표 후 투표소 앞에서 당선자를 예측하는 것도 정확하지 않아요. 사람들이 자신이 투표한 후보를 그대로 말하지 않기 때문이지요. 개인적인 성향도 원인이 있겠지만 당시 투표소 밖의 환경적인 요소와 사회적 분위기 등이 작용하기 때문입니다.

단행본

김현성, 《선거로 읽는 한국 정치사》, 웅진지식하우스, 2021.

서현수 외, 《학교 민주시민교육의 세계적 동향과 과제》, 살림터, 2019.

에드워드 키난, 《정치 사용 설명서》(도종윤 옮김), 내인생의책, 2017.

이효건, 《청소년, 정치의 주인이 되어 볼까?》, 사계절, 2013.

언론보도

권혁주, 〈아침을 열며 - 정치란 무엇인가〉, 《한국일보》, 2011.9.15.

김계동, 〈대통령제와 의원 내각제, 무엇이 다른가〉, 《프레시안》, 2017.4.3.

김성탁, 〈국왕 앞에 몸 던진 여성 참정권 운동, 100년 지나 '미투'로〉, 《중앙일보》, 2018.2.9.

김은주, 〈여성 참정권이 걸어온 길〉, 《연합뉴스》, 2017.9.14.

김효정, 〈"학교 운동장은 합법, 교실은 위법"…선거운동, 어디까지 허용?〉, 《MoneyS》, 2020.2.8.

박공식, 〈정당 가입, 정치활동 경험 독일초·중등학교부터 체계적 정치교육〉, 《지방정부 tvU》, 2020.6.8.

신선민, 《이슈체크K, 21대 총선 출구조사의 모든 것》, KBS, 2020.4.15.

임동우, 〈유권자 98% “토론회 필요”…선관위 불참후보 제재 강화 난색〉, 《국제신문》, 2021.9.5.

임지수, 〈'오차' 사라진 '족집게' 출구조사, 이유는?〉, 《머니투데이》, 2018.6.14.

《전국매일신문》, 〈서울시선관위 공동기획 4-선거방송토론〉, 2021.3.25.

정창영, 〈기획-정치의 실종 정당의 부재 (2)〉, 《옥천신문》, 2016.3.11.

조민교, 〈윤호중, 정의당에 위성정당 공식 사과 “연동형 비례대표제 개혁 필요”〉, 《매일일보》, 2021.4.23.

조재현, 〈“○○○ 후보 공보물 2개 들어있는데…혹시 선거법 위반?”〉, 《뉴스1》, 2021.4.3.

쥬리·김지현, 〈핀란드 청소년과 한국 청소년, 어마어마한 차이〉, 《오마이뉴스》, 2018.11.23.

최연혁, 〈한국의 미래정치는 훈련된 사람에게 맡겨야〉, 《여성신문》, 2017.7.31.

허민, 〈'다수 뜻' 앞세운 소수 의견 억압은 민주주의란 이름의 '폭정'〉, 《문화일보》, 2021.3.29.

기타

가상준 외, 《민주시민과 청년의 삶》, 오름, 2018.

곽한영, 〈교육정책포럼 321권 -미국의 선거교육, 주요내용과 시사점〉, 2020.

금창호, 《기록으로 보는 지방자치》, 행정자치부 국가기록원, 2015.

김순영 외, 《민주시민교육 표준모델(선거·정당관계자용)》, 선거연수원, 2016.

서현수, 제10회 세계인권도시포럼 발제문 〈핀란드 민주주의와 청소년 정치 참여〉, 광주광역시교육청, 2020.

이수범 외, 〈텔레비전 토론의 효과연구〉, 중앙중앙선거관리위원회, 2011.

중앙선거관리위원회, 〈2020년도 정당의 활동개황 및 회계보고〉, 2021.

중앙선거권리위원회, 《제21대 국회의원선거(2020.4.15)에 관한 유권자 의식조사》, 2020.

선거연수원, 《대한민국 유권자가 되다!(청소년용)》, 중앙선거관리위원회 선거연수원, 2021.

선거연수원, 〈만 18세, 대한민국 유권자 되다!(18세 유권자용)〉. 중앙선거관리위원회 선거
연수원, 2020.

선거연수원, 〈만 18세, 대한민국 유권자 되다!(교사용)〉. 중앙선거관리위원회 선거연수원,
2020.

선거연수원, 《키워드로 알아보는 선거 · 정치 이야기》, 중앙선거관리위원회 선거연수원,
2020.

선거연수원 제도연구부, 《민주시민이 미래다》, 중앙선거관리위원회 선거연수원, 2017.

우지숙 외, 〈TV토론 보도와 정책선거〉, 《행정논총》 제55권 제4호, 2017.

정치개혁공동행동 논평, 〈선거법 개정 논의, 거대 양당의 위성정당 설립 사과에서 시작돼
야〉, 참여연대, 2021.

한국매니페스토실천본부 보도자료, 2021.5.25.

인문학으로 깊이 통찰하고,
과학으로 날카롭게 분석하며,
수학으로 자유롭게 상상하는 힘!

맘에드림 생각하는 청소년 시리즈

맘에드림 생각하는 청소년 시리즈에 관하여

맘에드림은 배움의 주체이자 미래 사회의 주역인 청소년을 위한 '생각하는 청소년' 시리즈를 출간하고 있습니다. 청소년기는 논리적으로 사고하고, 윤리적으로 판단하며, 궁극적으로 자기 삶의 주인공이 되는 인간으로 성장하는 데 중요한 시기입니다. '생각하는 청소년' 시리즈는 청소년에게 삶과 밀접한 다양한 사회문제들을 재미있게 이해하고 해결 방법을 생각해볼 기회를 주고자 합니다. 나아가 친구들과 함께 진지하게 토론하고, 스스로 생각한 해결 방안을 실천해볼 수 있는 용기를 주고자 합니다. 이 시리즈를 통해 청소년들이 마음껏 생각하고, 상상하고, 느끼면서 역량을 키우고, 나아가 성숙한 민주시민으로 성장해가기를 기대합니다.

공간의 인문학 학교도서관저널 추천도서

한현미 지음 / 값 12,000원

이 책은 청소년들이 공간을 창조하는 행위인 건축에 대해 자신의 삶과 연관 지어 인문학적 성찰을 할 수 있도록 쓰였다. 이 책을 통해 인간의 삶에 행복을 주는 것은 값비싸고 화려하고 멋져 보이는 공간이 아니라 견고하고 유용하며 아름다운 공간이라는 것을 이해할 수 있을 것이다.

십대들을 위한 생각연습 학교도서관저널 추천도서

정종삼·박상욱 지음 / 값 12,000원

이 책은 청소년들이 스스로를 더 깊이 있게 이해하고, 아울러 자신에게 있어 타인, 사회, 국가, 세계사 어떤 의미를 갖는지 생각해보는 데 도움을 준다. 이를 통해 모두가 함께 잘 살 수 있는 세상은 어떤 세상인지 진지하게 고민해볼 수 있다면 우리 사회의 미래도 분명 따뜻하고 희망적일 것이다.

모두, 함께, 잘, 산다는 것 행복한 아침독서 추천도서

김익록·박인범·윤혜정·임세은
주수원·홍태숙 지음 / 값 10,000원

이 책은 청소년들에게 사회적 경제를 쉽고 재미나게 전달하기 위해 만들어졌다. 사회적 경제에 대한 호기심을 이끌어내는 것에서 시작해서 무엇보다 청소년이 일상 속에서 직접 실천해볼 수 있는 여러 가지 활동들을 제시한다. 이를 통해 모두, 함께, 잘, 산다는 것의 진짜 의미를 깨닫게 될 것이다.

십대들을 위한 맛있는 인문학 학교도서관저널 추천도서

정정희 지음 / 값 12,000원

이 책은 과거와 현대의 다양한 먹거리와 그 속에 담긴 이야기들을 전한다. 저자는 청소년들이 좋은 음식의 의미를 생각해보고, 현대 사회의 고장난 먹거리체계에 관심을 기울이기를 바란다. 나아가 그러한 문제의식을 바탕으로 좋은 먹거리가 더 많이 생산될 수 있도록 하는 데 작은 힘이나마 보탤 수 있기를 바란다.

개정증보
지리는 어떻게 세상을 움직이는가? 학교도서관저널 추천도서
전국지리교사모임 추천도서

옥성일 지음 / 값 16,500원

미래 사회의 주역인 우리 청소년들에게는 한반도와 동북아를 뛰어넘어 한층 더 넓은 시야로 세계를 바라보면서 국제 질서를 냉철하게 분석할 수 있는 능력이 요구된다. 이 책은 글로벌 시대에 꼭 필요한 냉철한 시각과 분석력을 키워줌은 물론 우물 안 개구리의 사고방식에서 벗어나 한층 넓은 시야를 가질 수 있게 도와줄 것이다.

쉬는 시간에 읽는 젠더 이야기

김선광·이수영 지음 / 값 12,000원

청소년은 건강한 비판정신을 바탕으로 사회문제에 관해 치열하게 논쟁할 수 있어야 한다. 이는 앞으로 그들이 더 나은 삶을 살아가고, 이 사회의 민주주의가 성숙해지는 데 밑거름이 될 것이다. 필자들은 이 책을 통해서 청소년들이 성 차별과 혐오, 페미니즘에 대한 왜곡 등에 대해 건강한 논쟁을 시작할 수 있는 기회를 마련해준다.

폭염의 시대 학교도서관저널 추천도서

주수원 지음 / 값 10,000원

기후변화는 단지 기후 문제일까? 저자는 기후변화, 나아가 기후위기의 시대를 살아가는 오늘날의 청소년들에게 기후변화의 실태와 사회문제로 이어지는 기후변화의 심각성을 이야기한다. 이 책은 폭염의 시대를 살아가는 청소년들의 의식을 한층 성장시킬 뿐만 아니라, 타인의 아픔에도 귀 기울일 줄 아는 성숙한 시민으로 성장하는 데 분명 도움을 줄 것이다.

경제를 읽는 쿨한 지리 이야기 학교도서관저널 추천도서
책따세 추천도서

성정원 지음 / 값 13,500원

지리의 눈으로 세상 구석구석을 살펴보는데, 특히 경제에 초점을 맞추었다. 그저 달달 외우기 바쁜 지루한 암기과목으로서의 지리가 아니라, 지리의 각 요인과 경제 사이의 역동적 상호작용이 만들어낸 흥미진진한 결과들을 살펴봄으로써 자연스럽게 경제를 이해하고 나아가 세상을 바라보는 새로운 눈을 뜨게 될 것이다.

방구석에서 읽는 수상한 미술 이야기

박홍순 지음 / 값 14,000원

미술작품에 투영된 현대 사회의 여러 모순들을 발견하고, 이를 해결할 방법을 함께 찾고자 한다. 공정과 평등에 관한 문제부터 다양한 중독현상, 유명세와 행복, 불확실성과 함께 현대인을 덮친 불안과 공포, 함께 잘살기 위한 방안 등에 관한 즐거운 티키타카 속에서 미술작품은 물론 세상을 바라보는 새로운 눈을 뜨게 될 것이다.

10대, 놀이를 플레이하다 학교도서관저널 추천도서

박현숙 지음 / 값 13,500원

이 책은 창의력이 중요한 가치로 떠오른 21세기를 놀이의 시대로서 맞이하며, 책상 앞에 앉은 청소년들에게 놀이가 필요한 이유를 인문학적으로 풀어내고 있다. 저자는 세상을 놀이의 관점으로 다시 보도록 새로운 시야를 제시하고, 청소년들이 자유롭게 생각하며 놀이하는 인간으로서 미래 사회의 주인이 되기 위해 놀이 정신을 갖출 필요가 있다고 힘주어 말한다.

십대들을 위한 꽤 쓸모 있는 과학책

오미진 지음 / 값 14,000원

이제 과학은 우리의 평범한 일상생활 속으로 깊이 파고들었다. 이에 이 책은 우리의 일상과 떼려야 뗄 수 없는 다양한 주제의 과학 이야기들을 다룬다. 아는 것이 힘이라고 했다. 일상에 숨은 과학 개념과 원리를 이해하는 과정에서 뭐든 무심히 지나치기보다 한층 예리하게 바라볼 수 있는 눈과 냉철한 판단력을 돕는 과학적 사고를 키워갈 것이다.

십대들을 위한 좀 만만한 수학책 학교도서관저널 추천도서
오세준 지음 / 값 13,500원

이 책은 인류가 처음 수 개념을 만들어낸 순간부터 현재까지 세상 구석구석에서 알게 모르게 활약하고 있는 수학의 다양한 모습을 담았다. 수학과 관련한 등장인물과 배경, 사건 등이 서로 얽히고설켜 만들어낸 역동적 상호작용들이 마치 드라마처럼 흥미롭게 펼쳐진다. 내면에 잠들어 있던 수학 DNA를 깨우는 좋은 기회가 될 것이다.

바이러스 철학을 만나다 세종도서 교양부문 선정도서
박상욱 지음 / 값 14,000원

이 책은 예측불가능성과 불확실성이 난무하는 시대의 강력한 무기가 되어줄 철학적 사고를 일깨운다. 특히 코로나19 팬데믹과 함께 다시금 세상에 강렬한 존재감을 드러낸 바이러스의 생과 사를 통해 철학적 성찰을 이끌어내도록 끊임없이 질문한다. 특히 과학, 역사, 철학 등을 넘나들며 불확실성이 넘쳐나는 시대에 지향해야 할 삶의 태도와 배움의 방식에 대해서도 생각해보게 한다.

그림책으로 시작하는 철학연습
권현숙 · 김준호 · 백지원 · 조형옥 지음 / 값 14,000원

이 책은 그림책을 사랑하는 현직 교사 네 명이 함께 쓴 책으로, 그림책 읽기의 즐거움을 알려주는 동시에 그림책을 통해 생각하는 힘을 키울 수 있게 도와주는 교양서다. 청소년들은 크게 나, 너, 이웃, 미래 사회를 다룬 주제에 따라, 그림책 54권을 살펴보면서 자기 안의 문제를 하나둘 해결하고 너른 세상을 바라보는 안목을 키우게 될 것이다.

10대 우리답게 개념 있게 말하다 학교도서관저널 추천도서
정정희 지음 / 값 14,000원

이 책은 일상 언어생활의 의미와 가치를 다시 돌아본다. 최근 청소년 사이에서 무분별하게 복제 및 전파되는 유행어 중에는 혐오와 차별의 언어들도 꽤 많다. 저자는 이러한 말들이 자신도 모르는 사이에 의식을 혐오로 물들이는 데 주목한다. 또 표현의 자유를 방패막이 삼아 막말을 정당화하거나 진지함을 조롱하는 세태도 함께 돌아본다.

청소년을 위한 미디어 리터러시 이야기 학교도서관저널 추천도서

강정훈 지음 / 값 14,000원

이 책은 수많은 정보에 둘러싸여 사는 우리 청소년들에게 미디어의
변천사를 시작으로 뉴스의 역할, 가짜 뉴스의 탄생과 확산 과정, 언론의
자유와 책임 등을 알기 쉽게 설명하고, 한 발 더 나아가 미디어를
올바르게 수용하고 비판적으로 사고할 수 있는 능력을 기를 수 있도록
돕고 있다.

통섭적 사고력을 키우는 냉장고 인문학

안창현 지음 / 값 14,000원

이 책은 냉장고를 매개로 과거부터 현재를 넘나들며 고정관념에서
벗어나 자유롭게 생각을 융합하는 통섭적 사고를 자극한다. 다양한
분야에서 인류의 발전사를 들여다보는 한편, 앞으로 만들어갈 우리의
미래까지 상상해볼 수 있을 것이다. 더 나아가 냉장고뿐만 아니라
일상에서 마주치는 평범한 것들을 색다른 시각을 바라볼 수 있게
도와준다.

독자 여러분의 소중한 원고를 기다립니다

맘에드림 출판사는 독자 여러분의 소중한 원고를 기다리고
있습니다. 원고가 있으신 분은 momdreampub@naver.com으로
원고의 간단한 소개와 연락처를 보내주시면 빠른 시간에 검토해
연락을 드리겠습니다.